一目了然的中国史

从始皇登极到宣统退位

——中国 363 位皇帝更迭速览

罗致平　著

中国文史出版社

图书在版编目（ＣＩＰ）数据

一目了然的中国史：从始皇登极到宣统退位 / 罗
致平著. —北京：中国文史出版社，2018.9

ISBN 978-7-5205-1043-1

Ⅰ. ①—… Ⅱ. ①罗… Ⅲ. ①中国历史—古代史
Ⅳ. ① K22

中国版本图书馆 CIP 数据核字（2019）第 046854 号

责任编辑：詹红旗
封面设计：张　军

出版发行：中国文史出版社
社　　址：北京市海淀区西八里庄 69 号院　　邮编：100142
电　　话：010-81136606　81136602　81136603（发行部）
印　　装：廊坊市海涛印刷有限公司
经　　销：全国新华书店
开　　本：787 毫米 ×990 毫米　　1/16
印　　张：18.5
字　　数：150 千字
版　　次：2019 年 5 月北京第 1 版
印　　次：2019 年 5 月第 1 次印刷
定　　价：49.00 元

前　言

　　自秦始皇统一中国以来，作为最高统治者的皇帝，就集国家全部大权于一身。阅读和研究中国封建历史，如果能够系统了解历朝历代所有皇帝的在位时间和主要功过，基本上就理清了历史脉络，掌握了历史重点。然而，多少年寻觅这么一本简捷明了的皇帝全书，却始终未能如愿。

　　当然，我们现在要了解的所有皇帝，都在二十五史等浩如烟海的历史典籍中。但对于一般读者来说，暂且不论购买能力、存放条件等客观因素，单就历史知识、天文历法、官职地名、纪年干支，以及皇帝庙号、年号、谥号、尊号等等，没有功力深厚的专业知识和功能齐全的工具书，实在很难阅读下去。本书正是为了满足大多数读者需求，采撷历史精华，简明扼要、系统连贯、一目了然地呈现自秦始皇登极到宣统退位这2132年间，正史所记全部62个朝代、363位皇帝的传承过程、在位时间和主要功过，以满足广大读者

从 始皇登极 到 宣统退位
—— 中国 363 位皇帝更迭速览

了解历史知识、厘清历史脉络、探究历史发展变化规律的需要。

为了便于一般读者、历史爱好者和广大中学生顺利阅读及查阅，本书特意编制了《历朝历代帝王传承顺序及在位时间检索目录表》，读者只要依据朝代更替和帝王传承顺序，就能够轻松查找到自己想要了解的朝代或帝王在位的具体时间和主要功过，并以此作为进一步阅读或研究的指引。同时，本书还撰写了《秦统一前的中国》一文，简明扼要地介绍了中国大地古人类遗存、三皇、五帝、夏、商、周、春秋、战国概况，以及秦之兴起和统一六国过程。在介绍每个朝代之前，都简述了该朝代立国背景、传承概况、疆域范围和历史贡献，真可谓"谁接谁的班，谁把谁推翻，此书拿在手，一目皆了然。"

虽然心有所愿，但由于本人学力水平等方面的限制，不足之处在所难免，真诚期望广大读者和各位老师赐教。

作　者

2019年1月

历朝历代帝王传承顺序
及在位时间检索目录表

一、秦（前221年—前206年）

序号	帝王	姓名	在位时间	页码
1-001	始皇帝	嬴政	前221年—前210年	9
2-002	二世	胡亥	前210年—前207年	9
3-003	秦王	子婴	前207年—前207年	10

二、西汉（前206年—公元25年）

序号	谥号	姓名	在位时间	页码
1-004	高祖	刘邦	前206年—前195年	12
2-005	惠帝	刘盈	前195年—前188年	12

从 **始皇登极** 到 **宣统退位**
—— 中国 363 位皇帝更迭速览

序号	谥号	姓名	在位时间	页码
3-006	前少帝	刘恭	前188年—前184年	13
4-007	后少帝	刘弘	前184年—前180年	13
5-008	文帝	刘恒	前180年—前157年	13
6-009	景帝	刘启	前157年—前141年	14
7-010	武帝	刘彻	前141年—前87年	15
8-011	昭帝	刘弗陵	前87年—前74年	15
9-012	废帝	刘贺	前74年—前74年	16
10-013	宣帝	刘询	前74年—前49年	16
11-014	元帝	刘奭	前49年—前33年	17
12-015	成帝	刘骜	前33年—前7年	17
13-016	哀帝	刘欣	前7年—前1年	18
14-017	平帝	刘衎	前1年—5年	18
15-018	孺子	刘婴	6年—8年	19
16-019	新帝	王莽	8年—23年	19
17-020	更始帝	刘玄	23年—25年	19

注：前、后少帝在位期间均由吕后专政。

历朝历代帝王传承顺序及在位时间检索目录表

三、东汉（25年—220年）

序号	谥号	姓名	在位时间	页码
1-021	光武帝	刘秀	25年—57年	21
2-022	明帝	刘庄	57年—75年	21
3-023	章帝	刘炟	75年—88年	22
4-024	和帝	刘肇	88年—105年	22
5-025	殇帝	刘隆	105年—106年	23
6-026	安帝	刘祜	106年—125年	23
7-027	前少帝	刘懿	125年—125年	23
8-028	顺帝	刘保	125年—144年	24
9-029	冲帝	刘炳	144年—145年	24
10-030	质帝	刘缵	145年—146年	24
11-031	桓帝	刘志	146年—167年	25
12-032	灵帝	刘宏	168年—189年	25
13-033	后少帝	刘辩	189年—189年	25
14-034	献帝	刘协	189年—220年	26

从 **始皇登极** 到 **宣统退位**
——中国 363 位皇帝更迭速览

四、三国·魏（220年—265年）

序号	谥号	姓名	在位时间	页码
1-035	文帝	曹丕	220年—226年	29
2-036	明帝	曹叡	226年—239年	30
3-037	齐王	曹芳	239年—254年	30
4-038	高贵乡公	曹髦	254年—260年	31
5-039	元帝	曹奂	260年—265年	31

五、三国·蜀（221年—263年）

序号	谥号	姓名	在位时间	页码
1-040	昭烈帝	刘备	221年—223年	32
2-041	后主	刘禅	223年—263年	33

六、三国·吴（229年—280年）

序号	谥号	姓名	在位时间	页码
1-042	大帝	孙权	229年—252年	34
2-043	会稽王	孙亮	252年—258年	35

历朝历代帝王传承顺序及在位时间检索目录表

从 **始皇登极** 到 **宣统退位**
——中国 363 位皇帝更迭速览

续表

序号	谥号	姓名	在位时间	页码
5-054	穆帝	司马聃	344年—361年	43
6-055	哀帝	司马丕	361年—365年	43
7-056	海西公	司马奕	365年—371年	44
8-057	简文帝	司马昱	371年—372年	44
9-058	孝武帝	司马曜	372年—396年	45
10-059	安帝	司马德宗	396年—418年	45
11-060	恭帝	司马德文	418年—420年	46

九、五胡十六国·前赵（304年—329年）

序号	谥号	姓名	在位时间	页码
1-061	光文帝	刘渊	304年—310年	49
2-062		刘和	310年—310年	50
3-063	昭武帝	刘聪	310年—318年	50
4-064	隐帝	刘粲	318年—318年	50
5-065	赵王	刘曜	318年—329年	51

历朝历代帝王传承顺序及在位时间检索目录表

十、五胡十六国·成汉（304年—347年）

序号	谥号	姓名	在位时间	页码
1-066	武帝	李雄	304年—334年	52
2-067	戾太子	李班	334年—334年	53
3-068	哀帝	李期	334年—338年	53
4-069	昭文帝	李寿	338年—343年	53
5-070	归义侯	李势	343年—347年	54

十一、五胡十六国·前凉（317年—376年）

序号	谥号	姓名	在位时间	页码
1-071	昭王	张寔	317年—320年	55
2-072	成王	张茂	320年—324年	56
3-073	文王	张骏	324年—346年	56
4-074	桓王	张重华	346年—353年	56
5-075	凉宁侯	张曜灵	353年—353年	57
6-076	威王	张祚	354年—355年	57
7-077	冲王	张玄靓	355年—363年	57
8-078	悼公	张天锡	363年—376年	57

从 始皇登极 到 宣统退位
——中国 363 位皇帝更迭速览

十二、五胡十六国·后赵（319年—351年）

序号	谥号	姓名	在位时间	页码
1-079	明帝	石勒	319年—333年	58
2-080	海阳王	石弘	333年—334年	59
3-081	武帝	石虎	334年—349年	59
4-082	谯王	石世	349年—349年	59
5-083	彭城王	石遵	349年—349年	60
6-084	义阳王	石鉴	349年—350年	60
7-085	赵王	石祗	350年—351年	60

十三、五胡十六国·前燕（337年—370年）

序号	谥号	姓名	在位时间	页码
1-086	文明帝	慕容皝	337年—348年	61
2-087	景昭帝	慕容儁	348年—360年	62
3-088	幽帝	慕容暐	360年—370年	62

历朝历代帝王传承顺序及在位时间检索目录表

十四、五胡十六国·代（338年—376年）

序号	谥号	姓名	在位时间	页码
1-089	代王	拓跋什翼犍	338年—376年	63

十五、五胡十六国·冉魏（350年—352年）

序号	庙号	姓名	在位时间	页码
1-090	悼武天王	冉闵	350年—352年	65

十六、五胡十六国·前秦（350年—394年）

序号	谥号	姓名	在位时间	页码
1-091	惠武帝	苻洪	350年—350年	66
2-092	明帝	苻健	350年—355年	67
3-093	厉王	苻生	355年—357年	67
4-094	宣昭帝	苻坚	357年—385年	67
5-095	哀平帝	苻丕	385年—386年	68
6-096	高帝	苻登	386年—394年	68
7-097	东平王	苻崇	394年—394年	69

从 **始皇登极** 到 **宣统退位**
——中国 363 位皇帝更迭速览

十七、五胡十六国·后燕（384年—407年）

序号	谥号	姓名	在位时间	页码
1-098	成武帝	慕容垂	384年—396年	70
2-099	惠愍帝	慕容宝	396年—398年	71
3-100	昭武帝	慕容盛	398年—401年	71
4-101	昭文帝	慕容熙	401年—407年	72

十八、五胡十六国·西燕（384年—394年）

序号	谥号	姓名	在位时间	页码
1-102	济北王	慕容泓	384年—384年	73
2-103	威帝	慕容冲	384年—386年	73
3-104	燕王	段随	386年—386年	74
4-105	燕王	慕容颛	386年—386年	74
5-106	燕王	慕容瑶	386年—386年	74
6-107	燕王	慕容忠	386年—386年	74
7-108	燕王	慕容永	386年—394年	75

历朝历代帝王传承顺序及在位时间检索目录表

十九、五胡十六国·后秦（384年—417年）

序号	谥号	姓名	在位时间	页码
1-109	昭帝	姚苌	384年—394年	76
2-110	文桓帝	姚兴	394年—416年	77
3-111		姚泓	416年—417年	77

二十、五胡十六国·西秦（385年—431年）

序号	谥号	姓名	在位时间	页码
1-112	宣烈王	乞伏国仁	385年—388年	78
2-113	武元王	乞伏乾归	388年—412年	79
3-114	文昭王	乞伏炽磐	412年—428年	79
4-115		乞伏暮末	428年—431年	79

二十一、五胡十六国·后凉（386年—403年）

序号	谥号	姓名	在位时间	页码
1-116	懿武帝	吕光	386年—399年	81
2-117	隐王	吕绍	399年—399年	82

从 **始皇登极** 到 **宣统退位**
——中国 363 位皇帝更迭速览

续表

序号	谥号	姓名	在位时间	页码
3-118	灵帝	吕纂	399年—401年	82
4-119	建康公	吕隆	401年—403年	82

二十二、五胡十六国·南凉（397年—414年）

序号	谥号	姓名	在位时间	页码
1-120	武王	秃发乌孤	397年—399年	83
2-121	康王	秃发利鹿孤	400年—402年	84
3-122	景王	秃发傉檀	402年—414年	84

二十三、五胡十六国·北凉（397年—439年）

序号	谥号	姓名	在位时间	页码
1-123	凉王	段业	397年—401年	85
2-124	武宣王	沮渠蒙逊	401年—433年	86
3-125	哀王	沮渠牧犍	433年—439年	86

历朝历代帝王传承顺序及在位时间检索目录表

二十四、五胡十六国·南燕（398年—410年）

序号	谥号	姓名	在位时间	页码
1-126	武帝	慕容德	398年—405年	87
2-127		慕容超	405年—410年	88

二十五、五胡十六国·西凉（400年—421年）

序号	谥号	姓名	在位时间	页码
1-128	昭武王	李暠	400年—417年	89
2-129	后主	李歆	417年—420年	90
3-130		李恂	420年—421年	90

二十六、五胡十六国·西蜀（405年—413年）

序号	谥号	姓名	在位时间	页码
1-131	蜀王	谯纵	405年—413年	91

从 **始皇登极** 到 **宣统退位**

—— 中国 363 位皇帝更迭速览

二十七、五胡十六国·夏（407年—431年）

序号	谥号	姓名	在位时间	页码
1-132	武烈帝	赫连勃勃	407年—425年	93
2-133	昌秦王	赫连昌	425年—428年	94
3-134	平原王	赫连定	428年—431年	94

二十八、五胡十六国·北燕（407年—436年）

序号	谥号	姓名	在位时间	页码
1-135	惠懿帝	高云	407年—409年	95
2-136	文成帝	冯跋	409年—430年	96
3-137	昭成帝	冯宏	430年—436年	96

二十九、南朝·宋（420年—479年）

序号	谥号	姓名	在位时间	页码
1-138	武帝	刘裕	420年—422年	99
2-139	少帝	刘义符	422年—424年	100
3-140	文帝	刘义隆	424年—453年	100

历朝历代帝王传承顺序及在位时间检索目录表

续表

序号	谥号	姓名	在位时间	页码
4-141		刘劭	453年—453年	101
5-142	孝武帝	刘骏	453年—464年	101
6-143	前废帝	刘子业	464年—465年	101
7-144	明帝	刘彧	465年—472年	102
8-145	后废帝	刘昱	472年—477年	102
9-146	顺帝	刘准	477年—479年	103

三十、南朝·齐（479年—502年）

序号	谥号	姓名	在位时间	页码
1-147	高帝	萧道成	479年—482年	104
2-148	武帝	萧赜	482年—493年	105
3-149	郁林王	萧昭业	493年—494年	106
4-150	恭王	萧昭文	494年—494年	106
5-151	明帝	萧鸾	494年—498年	106
6-152	东昏侯	萧宝卷	498年—501年	107
7-153	和帝	萧宝融	501年—502年	107

从 始皇登极 到 宣统退位

—— 中国 363 位皇帝更迭速览

三十一、南朝·梁（502年—557年）

序号	谥号	姓名	在位时间	页码
1-154	武帝	萧衍	502年—549年	109
2-155	简文帝	萧纲	549年—551年	110
3-156		萧栋	551年—551年	111
4-157	元帝	萧绎	552年—555年	111
5-158	敬帝	萧方智	555年—557年	112

三十二、南朝·陈（557年—589年）

序号	谥号	姓名	在位时间	页码
1-159	武帝	陈霸先	557年—559年	113
2-160	文帝	陈蒨	559年—566年	114
3-161	废帝	陈伯宗	566年—568年	114
4-162	宣帝	陈顼	568年—582年	115
5-163	后主	陈叔宝	582年—589年	115

历朝历代帝王传承顺序及在位时间检索目录表

三十三、北朝·北魏（386年—534年）

序号	谥号	姓名	在位时间	页码
1-164	道武帝	拓跋珪	386年—409年	117
2-165	明元帝	拓跋嗣	409年—423年	118
3-166	太武帝	拓跋焘	423年—452年	118
4-167	隐王	拓跋余	452年—452年	119
5-168	文成帝	拓跋濬	452年—465年	119
6-169	献文帝	拓跋弘	465年—471年	120
7-170	孝文帝	元宏	471年—499年	120
8-171	宣武帝	元恪	499年—515年	121
9-172	孝明帝	元诩	515年—528年	121
10-173		元钊	528年—528年	122
11-174	孝庄帝	元子攸	528年—530年	122
12-175	长广王	元晔	530年—531年	122
13-176	节闵帝	元恭	531年—532年	123
14-177	安定王	元朗	531年—532年	123
15-178	孝武帝	元修	532年—534年	123

从 **始皇登极** 到 **宣统退位**
—— 中国 363 位皇帝更迭速览

三十四、北朝·东魏（534年—550年）

序号	谥号	姓名	在位时间	页码
179	孝静帝	元善见	534年—550年	124

三十五、北朝·西魏（535年—557年）

序号	谥号	姓名	在位时间	页码
1-180	文帝	元宝炬	535年—551年	125
2-181	废帝	元钦	551年—554年	126
3-182	恭帝	元廓	554年—557年	126

三十六、北朝·北齐（550年—577年）

序号	谥号	姓名	在位时间	页码
1-183	文宣帝	高洋	550年—559年	127
2-184	废帝	高殷	559年—560年	128
3-185	孝昭帝	高演	560年—561年	128
4-186	武成帝	高湛	561年—565年	128
5-187	后主	高纬	565年—576年	129
6-188	幼主	高恒	577年—577年	129

历朝历代帝王传承顺序及在位时间检索目录表

三十七、北朝·北周（557年—581年）

序号	谥号	姓名	在位时间	页码
1-189	孝闵帝	宇文觉	557年—557年	130
2-190	明帝	宇文毓	557年—560年	131
3-191	武帝	宇文邕	560年—578年	131
4-192	宣帝	宇文赟	578年—579年	132
5-193	静帝	宇文阐	579年—581年	132

三十八、隋（581年—618年）

序号	谥号	姓名	在位时间	页码
1-194	文帝	杨坚	581年—604年	134
2-195	炀帝	杨广	604年—618年	134
3-196	恭帝	杨侑	617年—618年	135

三十九、唐（618年—907年）

序号	庙号	姓名	在位时间	页码
1-197	高祖	李渊	618年—626年	137
2-198	太宗	李世民	626年—649年	138

从 始皇登极 到 宣统退位

——中国 363 位皇帝更迭速览

续表（一）

序号	庙号	姓名	在位时间	页码
3-199	高宗	李治	649年—683年	139
4-200	中宗	李显	683年—684年	139
5-201	睿宗	李旦	684年—690年	139
6-202	圣神皇帝	武则天	690年—705年	140
二次	中宗	李显	705年—710年	140
7-203	少帝	李重茂	710年—710年	141
二次	睿宗	李旦	710年—712年	141
8-204	玄宗	李隆基	712年—756年	141
9-205	肃宗	李亨	756年—762年	142
10-206	代宗	李豫	762年—779年	143
11-207	德宗	李适	779年—805年	143
12-208	顺宗	李诵	805年—805年	144
13-209	宪宗	李纯	805年—820年	144
14-210	穆宗	李恒	820年—824年	145
15-211	敬宗	李湛	824年—826年	145
16-212	文宗	李昂	826年—840年	145
17-213	武宗	李炎	840年—846年	146
18-214	宣宗	李忱	846年—859年	146

历朝历代帝王传承顺序及在位时间检索目录表

续表（二）

序号	庙号	姓名	在位时间	页码
19-215	懿宗	李漼	859年—873年	147
20-216	僖宗	李儇	873年—888年	147
21-217	昭宗	李晔	888年—904年	148
22-218	哀帝	李柷	904年—907年	148

四十、五代·后梁（907年—923年）

序号	庙号谥号	姓名	在位时间	页码
1-219	太祖	朱温（全忠）	907年—912年	151
2-220	郢王	朱友珪	912年—913年	152
3-221	末帝	朱友贞	913年—923年	152

四十一、五代·后唐（923年—936年）

序号	庙号谥号	姓名	在位时间	页码
1-222	庄宗	李存勗	923年—926年	153
2-223	明宗	李嗣源	926年—933年	154
3-224	闵帝	李从厚	933年—934年	154

从 始皇登极 到 宣统退位

——中国 363 位皇帝更迭速览

续表

序号	庙号谥号	姓名	在位时间	页码
4-225		李从珂	934年—936年	155

四十二、五代·后晋（936年—946年）

序号	庙号谥号	姓名	在位时间	页码
1-226	高祖	石敬瑭	936年—942年	156
2-227	出帝	石重贵	942年—946年	157

四十三、五代·后汉（947年—950年）

序号	庙号谥号	姓名	在位时间	页码
1-228	高祖	刘知远	947年—948年	158
2-229	隐帝	刘承祐	948年—950年	159

四十四、五代·后周（951年—960年）

序号	庙号谥号	姓名	在位时间	页码
1-230	太祖	郭威	951年—954年	160
2-231	世宗	柴荣	954年—959年	161
3-232	恭帝	柴宗训	959年—960年	162

历朝历代帝王传承顺序及在位时间检索目录表

四十五、十国·吴（902年—937年）

序号	庙号谥号	姓名	在位时间	页码
1-233	太祖	杨行密	902年—905年	164
2-234	烈祖	杨渥	905年—908年	165
3-235	高祖	杨隆演	908年—920年	165
4-236	睿帝	杨溥	920年—937年	165

四十六、十国·前蜀（903年—925年）

序号	庙号谥号	姓名	在位时间	页码
1-237	高祖	王建	903年—918年	166
2-238	后主	王衍	918年—925年	167

四十七、十国·楚（907年—951年）

序号	庙号谥号	姓名	在位时间	页码
1-239	武穆王	马殷	907年—930年	168
2-240	衡阳王	马希声	930年—932年	169
3-241	文昭王	马希范	932年—947年	169

从 始皇登极 到 宣统退位

—— 中国 363 位皇帝更迭速览

序号	庙号谥号	姓名	在位时间	页码
4-242	废王	马希广	947年—950年	169
5-243		马希萼	950年—951年	170
6-244		马希崇	951年—951年	170

四十八、十国·吴越（907年—978年）

序号	庙号谥号	姓名	在位时间	页码
1-245	武肃王	钱镠	907年—932年	171
2-246	文穆王	钱元瓘	932年—941年	172
3-247	忠献王	钱弘佐	941年—947年	172
4-248	忠逊王	钱弘倧	947年—947年	172
5-249	忠懿王	钱弘俶	948年—978年	173

四十九、十国·闽（909年—945年）

序号	庙号谥号	姓名	在位时间	页码
1-250	太祖	王审知	909年—925年	174
2-251	嗣王	王延翰	925年—926年	175
3-252	太宗	王延钧	926年—935年	175

历朝历代帝王传承顺序及在位时间检索目录表

序号	庙号谥号	姓名	在位时间	页码
4-253	康宗	王继鹏	935年—939年	175
5-254	景宗	王延曦	939年—944年	176
6-255	昭宗	朱文进	944年—944年	176
7-256	福王	王延政	944年—945年	176

五十、十国·南汉（917年—971年）

序号	庙号谥号	姓名	在位时间	页码
1-257	高祖	刘龑	917年—942年	177
2-258	殇帝	刘玢	942年—943年	178
3-259	中宗	刘晟	943年—958年	178
4-260	后主	刘铱	958年—971年	178

五十一、十国·南平（924年—963年）

序号	庙号谥号	姓名	在位时间	页码
1-261	武信王	高季兴	924年—928年	180
2-262	文献王	高从诲	928年—948年	181
3-263	贞懿王	高保融	948年—960年	181

从 始皇登极 到 宣统退位
—— 中国 363 位皇帝更迭速览

序号	庙号谥号	姓名	在位时间	页码
4-264	贞安王	高保勗	960年—962年	181
5-265	德仁王	高继冲	962年—963年	182

五十二、十国·后蜀（934年—965年）

序号	庙号谥号	姓名	在位时间	页码
1-266	高祖	孟知祥	934年—934年	183
2-267	后主	孟昶	934年—965年	184

五十三、十国·南唐（937年—975年）

序号	庙号谥号	姓名	在位时间	页码
1-268	烈祖	李昪	937年—943年	185
2-269	元宗	李璟	943年—961年	186
3-270	后主	李煜	961年—975年	186

五十四、十国·北汉（951年—979年）

序号	庙号谥号	姓名	在位时间	页码
1-271	世祖	刘旻	951年—954年	187

历朝历代帝王传承顺序及在位时间检索目录表

续表

序号	庙号谥号	姓名	在位时间	页码
2-272	睿宗	刘钧	954年—968年	188
3-273	少主	刘继恩	968年—968年	188
4-274	英武帝	刘继元	968年—979年	188

五十五、辽（916年—1125年）

序号	庙号谥号	姓名	在位时间	页码
1-275	太祖	耶律阿保机	916年—926年	190
2-276	太宗	耶律德光	927年—947年	190
3-277	世宗	耶律阮	947年—951年	191
4-278	穆宗	耶律璟	951年—969年	192
5-279	景宗	耶律贤	969年—982年	192
6-280	圣宗	耶律隆绪	982年—1031年	193
7-281	兴宗	耶律宗真	1031年—1055年	194
8-282	道宗	耶律洪基	1055年—1101年	194
9-283	天祚帝	耶律延禧	1101年—1125年	195

从 **始皇登极** 到 **宣统退位**

——中国 363 位皇帝更迭速览

五十六、北宋（960年—1127年）

序号	庙号谥号	姓名	在位时间	页码
1-284	太祖	赵匡胤	960年—976年	197
2-285	太宗	赵光义	976年—997年	198
3-286	真宗	赵恒	997年—1022年	198
4-287	仁宗	赵祯	1022年—1063年	199
5-288	英宗	赵曙	1063年—1067年	199
6-289	神宗	赵顼	1067年—1085年	200
7-290	哲宗	赵煦	1085年—1100年	200
8-291	徽宗	赵佶	1100年—1125年	201
9-292	钦宗	赵桓	1126年—1127年	202

五十七、西夏（1038年—1227年）

序号	庙号谥号	姓名	在位时间	页码
1-293	景宗	李元昊	1038年—1048年	204
2-294	毅宗	李谅祚	1048年—1067年	205
3-295	惠宗	李秉常	1067年—1086年	205
4-296	崇宗	李乾顺	1086年—1139年	206

历朝历代帝王传承顺序及在位时间检索目录表

续表

序号	庙号谥号	姓名	在位时间	页码
5-297	仁宗	李仁孝	1139年—1193年	206
6-298	桓宗	李纯祐	1193年—1206年	207
7-399	襄宗	李安全	1206年—1211年	207
8-300	神宗	李遵顼	1211年—1223年	208
9-301	献宗	李德旺	1223年—1226年	208
10-302	末主	李睍	1226年—1227年	209

五十八、金（1115年—1234年）

序号	庙号谥号	姓名	在位时间	页码
1-303	太祖	完颜阿骨打	1115年—1123年	211
2-304	太宗	完颜晟	1123年—1135年	212
3-305	熙宗	完颜亶	1135年—1149年	212
4-306	废帝	完颜亮	1149年—1161年	213
5-307	世宗	完颜雍	1161年—1189年	214
6-308	章宗	完颜璟	1189年—1208年	215
7-309	卫绍王	完颜永济	1208年—1213年	215
8-310	宣宗	完颜珣	1213年—1223年	216
9-311	哀宗	完颜守绪	1223年—1234年	217

从 **始皇登极** 到 **宣统退位**
——中国 363 位皇帝更迭速览

五十九、南宋（1127年—1279年）

序号	庙号谥号	姓名	在位时间	页码
1-312	高宗	赵构	1127年—1162年	219
2-313	孝宗	赵昚	1162年—1189年	219
3-314	光宗	赵惇	1189年—1194年	220
4-315	宁宗	赵扩	1194年—1224年	221
5-316	理宗	赵昀	1224年—1264年	221
6-317	度宗	赵禥	1264年—1274年	222
7-318	恭帝	赵㬎	1274年—1276年	222
8-319	端宗	赵昰	1276年—1278年	223
9-320	末帝	赵昺	1278年—1279年	223

六十、元（1206年—1368年）

序号	庙号谥号	姓名	在位时间	页码
1-321	太祖	铁木真	1206年—1227年	225
2-322	太宗	窝阔台	1229年—1241年	226
3-323	定宗	贵由	1246年—1248年	227
4-324	宪宗	蒙哥	1251年—1259年	227

历朝历代帝王传承顺序及在位时间检索目录表

5-325	世祖	忽必烈	1260年—1294年	228
6-326	成宗	铁穆耳	1294年—1307年	229
7-327	武宗	海山	1307年—1311年	229
8-328	仁宗	爱育黎拔力八达	1311年—1320年	230
9-329	英宗	硕德八剌	1320年—1323年	230
10-330	泰定帝	也孙铁木耳	1323年—1328年	231
11-331	天顺帝	阿速吉八	1328年—1328年	231
12-332	文宗	图帖睦耳	1328年—1332年	232
13-333	明宗	和世瓎	1329年—1329年	232
14-334	宁宗	懿璘质班	1332年—1332年	233
15-335	惠宗	妥懽帖睦尔	1333年—1368年	233

注：元朝帝王姓"孛儿只斤"。

六十一、明（1368年—1644年）

序号	庙号谥号	姓名	在位时间	页码
1-336	太祖	朱元璋	1368年—1398年	235
2-337	惠帝	朱允炆	1398年—1402年	236
3-338	成祖	朱棣	1402年—1424年	237

从 **始皇登极** 到 **宣统退位**

——中国 363 位皇帝更迭速览

续表

序号	庙号谥号	姓名	在位时间	页码
4-339	仁宗	朱高炽	1424年—1425年	238
5-340	宣宗	朱瞻基	1425年—1435年	238
6-341	英宗	朱祁镇	1435—1449年	239
6-341	英宗	朱祁镇	1457—1464年	249
7-342	代宗	朱祁钰	1449年—1457年	240
8-343	宪宗	朱见深	1464年—1487年	240
9-344	孝宗	朱祐樘	1487年—1505年	241
10-345	武宗	朱厚照	1505年—1521年	241
11-346	世宗	朱厚熜	1521年—1566年	242
12-347	穆宗	朱载垕	1566年—1572年	243
13-348	神宗	朱翊钧	1572年—1620年	243
14-349	光宗	朱常洛	1620年—1620年	244
15-350	熹宗	朱由校	1620年—1627年	244
16-351	思宗	朱由检	1627年—1644年	245

历朝历代帝王传承顺序及在位时间检索目录表

六十二、清（1616年—1911年）

序号	庙号年号	姓名	在位时间	页码
1-352	太祖	努尔哈赤	1616年—1626年	247
2-353	太宗	皇太极	1626年—1643年	248
3-354	世祖·顺治	福临	1643年—1661年	248
4-355	圣祖·康熙	玄烨	1661年—1722年	249
5-356	世宗·雍正	胤禛	1722年—1735年	250
6-357	高宗·乾隆	弘历	1735年—1796年	251
7-358	仁宗·嘉庆	颙琰	1796年—1820年	252
8-359	宣宗·道光	旻宁	1820年—1850年	252
9-360	文宗·咸丰	奕詝	1850年—1861年	253
10-361	穆宗·同治	载淳	1861年—1875年	254
11-362	德宗·光绪	载湉	1875年—1908年	254
12-363	宣统	溥仪	1908年—1911年	255

注：清朝帝王姓"爱新觉罗"。

同治、光绪、宣统在位期间均由慈禧专政。

秦统一前的中国

至21世纪初，在长江、淮河流域及华北地区，发现距今约200万年前后的直立人骨化石，表明从那时候起，中国大地已经留下人类足迹。考古实物证明，云南元谋、陕西蓝田、北京周口店有距今170万年、100万年、50万年的人类遗存，以及其后发现的大量遗址群落和各种遗物，证明人类很早就在中国大地上迈出了创造文明的步伐，而且这种步伐从来没有停止。随着漫长的旧石器时代进入新石器时代，中国历史也迈进了相对可以传说的三皇五帝时期。

以正史观点，三皇指伏羲氏、女娲氏、神农氏。伏羲氏作八卦，造书契，味百药，制嫁娶礼，制九针，制陶埙，定历法，作瑟三十二弦，继天而立，设置官员；女娲氏开世造物，炼石补天；神农氏制耒耜，种五谷，创农业。在传说中，同时期还有燧人氏、有巢氏、祝融氏、共工氏等。

五帝指黄帝、颛顼、帝喾、唐尧、虞舜。黄帝播五谷草木，发展生产，创造文字，制作衣冠，发明指

从 始皇登极 到 宣统退位
——中国 363 位皇帝更迭速览

南工具，建舟车，定算术，制音律，创医学，为中华人文初祖；颛顼征服九黎；帝喾划分四时节令，推进农业文明；尧与舜以爱民、孝亲和禅让享誉后世；大禹善于治水而功盖天下。

约在公元前2070年，成功治水的大禹开启了夏朝。夏朝自大禹至夏桀共17王，历470年。其间私有制出现，禅让制让位于世袭制，原始社会进入奴隶社会。夏朝末年，阶级矛盾升级而被成汤取代。

成汤于公元前1600年建立商朝。商朝传31王，前后554年，为奴隶制鼎盛时期。其间五次迁都，疆域北到辽宁，南到湖北，西到陕西，东到海滨。

公元前1046年，武王灭商建立周朝。周朝传37王，到公元前256年周赧王去世，历790年，为中国历史上延续时间最长的朝代。至周朝中期，疆域有今河南、河北、山东大部，陕西中部，山西南部，辽宁西南部，安徽北部和湖北一部分，为夏商周三代中幅员最为广大的国家。公元前770年，周平王为躲避犬戎侵扰而迁都洛邑，其后史称东周。为示区别，史称此前之周为西周。

东周又分春秋和战国两个时期。春秋因鲁国史书《春秋》一书而得名，始于平王东迁之公元前770年，终于公元前476年。这一时间段基本上和《春秋》一书

秦统一前的中国

所记事年份相吻合。而战国则取名于西汉时编定的史书《战国策》，起于公元前475年，终于公元前221年秦始皇统一全国。

春秋是一个大国争霸、疯狂兼并的时代。就诸侯国的数量而言，春秋初期封国与西周时期变化不大，但处在各大诸侯国势力范围之内的小国，已经沦为奴隶主贵族的采邑，多数降为附庸。随着殖民封国的进一步推展，这种附庸也逐渐沦亡。周初所谓千八百国，战国初仅余148国，比较大的只有齐、晋、楚、秦、曹、郑、鲁、宋、卫、燕、陈、蔡、吴、越等14国。此时周王室明显衰微，其关中故地被犬戎侵占，所辖之地仅有洛邑方圆六百里。而这时候的诸侯，该上供的已经不上供，该来朝的也很少来朝，周王室一天比一天清冷。与此形成强烈对比的是，列国争雄称霸的热潮空前高涨。管仲为相，助齐桓公成就霸业；之后，晋文公登上霸主地位；秦穆公奋起直追，独霸西戎；楚庄王挥师北上，称霸中原。其后，晋楚等国轮番大战，消耗日甚，元气互损，中原争霸似乎接近尾声，但奴隶社会开始加速动荡。

战国时期是我国古代社会大变革时期。推动这种变革的是发展了的社会生产力。那时，冶铁技术进一步发展，铁在农具、用具、兵器等方面广泛使用。耕

从 始皇登极 到 宣统退位
——中国 363 位皇帝更迭速览

牛铁犁垦荒深耕，铁锄铁镰除草收割，大大提高了农业生产效率；铁剑战马，纵横驰骋，攻伐杀掠更加惨烈；铁制工具还为各国修建大型水利工程提供可能，人工造就旱涝保收沃野，粮食丰收加速人口繁育。这一切又促进冶金、木工、纺织、煮盐等手工业、商业和城市发展，同时又为诸侯继续争霸提供了物资和人力。

道路四通八达，商贾往来不绝，士人自由迁徙，地区难以自闭。同时，剧烈变革促使人们对过去、现在和未来，对战争、和平和秩序，对国家、社会和人生进行深入思考和广泛讨论。新士人的兴起，乡校的普及，养士之风的盛行，为这种思考提供了人才和场地。倾心于你争我夺、攻城略地的诸侯，无意或无暇顾及思想领域，于是儒家、法家、道家、墨家、名家、杂家、阴阳家、纵横家、小说家等学派如雨后春笋，并留下《老子》《论语》《墨子》《孟子》《庄子》《荀子》《韩非子》《鬼谷子》等大量经典，加上之前的《周易》《春秋》等著作，成为中国之后几千年的思想源泉和制度根基。

这种变革的另一种成果，是奴隶制时期的各种制度迅速瓦解。公元前453年赵、魏、韩三家分晋，以及其后的田氏代齐，证明新型封建势力已经驰骋于政治舞台。而各国为了在这场巨变中迅速崛起，纷纷采

秦统一前的中国

取变法这种激烈的改革措施。魏国李悝，楚国吴起，齐国邹忌，韩国申不害，秦国商鞅，以及赵国胡服骑射，主要大国无不以变法图强。与之相适应，为奴隶制服务的各种制度相继被抛弃，而将相制度、郡县制度、俸禄制度、度量衡制度、户籍制度、财政制度、法律制度等适应新型封建制的各种制度纷纷建立。

诸多变法中，秦国商鞅变法成效最为显著。秦原本是西部一个很小的部落，政治、经济、文化都比较落后。直到平王东迁时，因为秦襄公救国有功而被封为诸侯。虽然名位上升能与诸侯等列，但国弱民贫，文化落后，受封时间不长，秦国也因此备受其他诸侯小觑。公元前384年，曾经流亡当时一流国家魏国多年的秦献公执政。面对困顿低落的秦国，他励精图治，埋头改革，请墨家能人制作攻防器械，强化军事训练，秦国国力得到增强，人口不断增加，军队素质有了明显提高，并因此激起秦人获得更大荣耀的紧迫感。二十多年后的公元前361年，秦献公将班交给了更具紧迫感的秦孝公。久已愤于诸侯卑视秦国的秦孝公广发"求贤诏"，以"尊官封土"求"出奇计强秦"之士。这时候，曾给魏国宰相公叔痤当过秘书的商鞅来到秦国。经过几轮交谈，选择"霸道"的秦孝公奉商鞅为宝，放手让商鞅推行以"实施法治、奖励

从 始皇登极 到 宣统退位
—— 中国 363 位皇帝更迭速览

耕织、军功受爵、土地私有"为主要内容的变法。秦孝公和商鞅携手推行十年之后，实现"家给人足、道不拾遗、民勇于公战而怯于私斗"，秦国从此强势崛起，西霸西戎，南向灭蜀，东越黄河，数次打败战国首强魏国而逼其迁都躲避。

秦孝公去世，公元前337年继任的秦惠文王，任用公孙衍继续富国强兵，任用张仪在合纵连横中浑水摸鱼，不择手段削弱六国，千方百计强盛自己。公元前306年，继承秦惠文王的秦武王转手将接力棒交给秦昭襄王。不负祖望的秦昭襄王在他56年的任期内，施行远交近攻策略，充分发挥文臣范雎、武将白起等能臣良将作用，不断向东扩张，尽挫六国锐气，为秦统一奠定了基础。之后，在位只有3天的秦孝文王和在位不过3年的秦庄襄王短暂过渡，秦统一全国的大任终于传到更具雄才大略的嬴政手中。

公元前237年，亲掌国政的秦王嬴政以利剑重金、歼灭分化为主要利器，加速推进灭六国的统一进程。公元前236年，赵国出兵攻燕，秦以救燕为名，派大兵夹攻赵国，攻取赵国漳水流域。公元前234年秦又大举向赵进攻，在攻取的赵地建立雁门郡和云中郡。公元前230年，秦选择韩国作为第一个扫除目标。几番大战，俘虏了韩王安，韩国灭亡。公元前229年秦将王翦

秦统一前的中国

大破赵军，俘虏赵王。赵公子嘉逃到代郡，自立为代王。公元前227年，秦派王翦、辛胜攻燕，燕、代两国发兵抵抗，被秦军败于易水以西。次年秦军攻下燕都蓟城，燕王喜逃奔辽东。公元前225年，秦王政派将军王贲攻魏，秦军包围魏都大梁，三月后魏王出降，魏国灭亡。同年，秦王政派王翦带60万大军伐楚，秦军攻入楚都寿春，俘虏了楚王负刍，楚国灭亡。公元前222年，王翦平定楚江南地，又乘胜南征百服，设置会稽郡，将秦国领土扩展到珠江流域。公元前222年，秦将王贲攻燕之辽东，虏燕王喜，灭亡了燕国。接着，王贲又回师攻代，虏代王嘉。公元前221年，秦将王贲从燕国南下攻齐，俘虏齐王建，灭了齐国。至此，秦仅用十多年时间，灭六国完成统一大业，不但为历时两个半世纪的战国时代画上句号，而且建立了中国历史上第一个统一的多民族国家，为中华民族的久远发展奠定了坚实基础。

一、秦

（前221年—前206年）

公元前221年，秦王嬴政统一六国结束兼并战争，建立了全国范围内的封建统治，开创了中国多民族统一国家新纪元，并对这种统一进行了一系列影响深远的制度性设计安排和实践巩固。秦树立了至高无上的皇权，建立了封建朝廷，设置了益于强化中央集权和维护国家统一的官制，颁布了通行全国的法律，消除了原六国的残余势力，在全国废除分封置郡县，统一东南和南方越族地区，北击匈奴，修建长城，派使臣通西南夷，在全国统一文字，统一货币，统一度量衡，修建驰道，皇帝直接巡幸各地等一系列制度建设，为中华民族崇尚统一、维护统一、保持统一发挥了不可估量的作用。秦统一全国始皇登极以后，共传3世，历15年，都咸阳，公元前206年亡于汉王刘邦。

一、秦

1. 秦始皇嬴政

公元前221年，秦灭六国统一天下，秦王嬴政被颂为"德兼三皇，功超五帝"，即更王名为皇帝，定都咸阳。嬴政以"朕"为始皇帝，其后世子孙以二世、三世直至万世为帝号。公元前246年五月二十三日，13岁的嬴政继其父秦庄襄王为秦王。即位初，王政由母亲赵太后和相国吕不韦所主。9年之后，22岁的嬴政除奸佞、平暴乱而亲政。他选贤任能，连年发兵东征，从公元前230年灭韩起，接连攻赵、伐燕、击魏、破楚，到公元前221年灭齐，完成华夏民族统一大业。他高瞻远瞩，废封国，行郡县，统一文字、货币，统一度、量、衡，建立起大一统中央集权国家，为中华民族千古基业奠下坚实基础。同时暴政苛法、"焚书坑儒"、求仙信巫、宠任赵高、未及时确立接班人等，也为后世留下千古警示。公元前210年七月，称王25年、称帝11年的秦始皇去世于出游途中，终年50岁。

2. 秦二世胡亥

秦始皇去世后，奸臣赵高胁诱权相李斯篡改诏书，逼死皇长子扶苏，于公元前210年七月立秦始皇18子胡亥为二世。赵高挑唆并伙同二世极推暴政，严峻法，兴土木，重赋税，灭宗室，杀忠臣，逼民反。公元前207年八月，在位3年，年仅24岁的二世被赵高逼杀。

3. 秦王子婴

公元前207年八月，赵高立扶苏子子婴为秦王。九月，子婴与其子诛杀赵高。十月（秦以此月为岁首），为王46天的子婴素车白马降于刘邦，秦亡。后子婴被项羽所杀。

二、西汉

（前206年—25年）

　　西汉是继秦之后又一强大统一的封建王朝。西汉总结秦及历代兴亡教训，承秦制，除苛法，尚法尊儒，薄税劝农，与民休息；举贤良，明教化；平定七国之乱，推恩令成功削藩；迁徙郡国富豪，惩治地方豪强；派张骞出使西域，开通丝绸之路；多次大规模出击匈奴，建立西域都护府，扩大疆域。农业技术发展，广泛以耧车播种；成功治理黄河，80年未发生水患；冶铁技术，尤其是柔化处理可锻铸铁技术领先世界2000年；纺织、煮盐技术也进一步发展；商业、城市繁荣；天文观测、历法研究成果不凡；《周髀算经》《九章算术》水准很高；《史记》成为史学丰碑。西汉传17帝，历231年，都长安，公元25年亡于赤眉之乱。

从 **始皇登极** 到 **宣统退位**
—— 中国 363 位皇帝更迭速览

1. 高祖刘邦

公元前202年二月三日，刘邦在氾水之阳定陶宣布即皇帝位，建都洛阳，后定都咸阳。刘邦生于公元前256年，秦末泗水沛县（今江苏丰县）人，曾任泗水亭长。他性格豪爽，但游手好闲。公元前209年九月起事，始从项梁。后楚怀王派遣，于公元前206年率兵入咸阳，接受秦王子婴投降。刘邦废秦苛法，"约法三章"，严禁扰民，遂得民心。项羽即行入关，刘邦被迫求和，后被项羽封为汉王。这年八月，刘邦暗度入关，东进与项羽开战，公元前202年十二月大败项羽于垓下。弃王称帝的刘邦以苛秦为鉴，罢兵归家，轻徭薄赋，安置流民，鼓励生育，劝农重桑，北和匈奴，南抚诸越，人民得以休养生息，国家趋于安定。公元前196年七月，刘邦在讨伐英布时中流矢病重不治，公元前195年四月二十五日去世，为王5年，称帝7年，终年62岁。

2. 惠帝刘盈

公元前195年五月二十日，太子刘盈即皇帝位，是为汉惠帝。即位初，继续高祖休养生息政策，使经济发展，人口增加，国力增强。而生性仁弱，使他难拒

二、西汉

吕后专权。在目睹吕后杀赵王如意、害戚夫人、"人彘"之惨骇目惊心时，身心俱损，惊恐多病，于公元前188年八月十二日去世。刘盈在位8年，终年24岁。

3. 前少帝刘恭（吕后听政）

汉惠帝刘盈去世以后，吕后指定刘盈年幼的儿子刘恭嗣位，史称前少帝，吕后以太皇太后听政。公元前184年四月，在位4年的刘恭日渐省事，吕后以其碍于听政而将其罢黜，后被囚杀。

4. 后少帝刘弘（吕后听政）

吕后囚杀前少帝刘恭，于公元前184年五月十一日，又立刘恭弟刘弘为帝，史称后少帝，吕后继续临朝听政。吕后跟随刘邦戎马一生，善权变，性残忍。惠帝在位时以太后独揽大权，扶吕诛刘。惠帝去世后，放手提拔亲信，抑制功臣，广封诸吕，实际称制8年之久。公元前180年七月，吕后去世，众吕谋反被诛。大臣疑刘弘并非汉惠帝刘盈亲生而杀后少帝刘弘。

5. 文帝刘恒

公元前180年闰九月二十九日，汉文帝刘恒即皇帝位。刘恒为高祖第四子，时年23岁，为吕后诛杀刘姓子孙之后，所剩刘邦儿子中年龄最长者。公元前196年，刘恒被立为代王。刘恒母薄姬非刘邦所宠，代地远在边陲，刘恒母子生性谦谨，为人行事十分低调，方才躲过吕后这一劫难。刘恒了解下层民情，体悟百姓疾苦。他即位后大幅度减轻田租税赋，不兴土木，不多征徭役，能广济灾民，许私人开矿，解除肉刑连坐苛法，禁止以诽谤治罪，拆分坐大王国，和亲匈奴，安抚南越，崇尚节俭，爱护百姓，史称"以德治国"典范，开创"文景盛世"。公元前157年六月刘恒去世，其在位23年，享年46岁。

6. 景帝刘启

公元前157年六月九日，汉景帝刘启即皇帝位。刘启生于公元前188年，时其父刘恒为代王。刘启四位兄长先后病故，他即成为长子。刘恒即位后，封9岁的刘启为太子。刘启登上皇帝位，继续休养生息，发展生产，田租、笞刑减半，取消禁迁令，鼓励百姓垦荒，放宽学术限制，要求司法公正，强势平定"七国之乱"，维护社会稳定，实现"文景之治"。公元前141年正月二十七日刘启去世，其在位17年，终年48岁。

二、西汉

7. 武帝刘彻

公元前141年正月二十七日，16岁的刘彻即皇帝位。刘彻为景帝第十子，4岁被封为胶东王。刘彻7岁那年，景帝废太子刘荣，改立刘彻为太子。刘彻即位次年设立年号建元，皇帝年号起于此。刘彻洞观时势，采纳董仲舒"罢黜百家，独尊儒术"建议，设五经博士，长安兴太学，郡国立学官，令全国举贤，不拘一格选才；定律条禁止诸侯干政，用主父偃计行"推恩令"，有礼、有理、有效解决封国坐大威胁皇权难题；改正朔，易服色，定历数，修郊祀，建封禅；设刺史，严问事，治豪强，裁相权；改革币制，盐铁官营；平准均输，控抑物价；亲督治河，广兴水利；遣大将伐匈奴、攻闽越，派使臣通西域、抚边民，有效解除边患，大幅开疆拓土。然多欲寡恩，信术求仙，任用酷吏，"巫蛊"祸朝，可惜可叹。贵在晚年下诏罪己，思富养民，幡然改过，托孤得人，实乃华夏难得英主之一。刘彻于公元前87年二月十四日去世，他在位55年，享年70岁。

8. 昭帝刘弗陵

公元前87年二月十五日，8岁太子刘弗陵即皇帝位。刘弗陵为武帝少子，奉遗诏由大将军霍光等辅政。因海内虚耗，户口减半，再次实行轻徭薄赋、休养生息政策。昭帝下诏荐贤良，亲自访民苦，继续和匈奴安边疆，民生得以好转。公元前74年四月十七日，在位14年、年仅21岁的汉昭帝刘弗陵去世。

9. 废帝刘贺

汉昭帝刘弗陵无子，霍光等大臣商议后，同年六月一日以上官皇后之诏，迎武帝刘彻孙刘贺登极称帝。刘贺父刘髆（bó）为武帝第五子，被封为昌邑王。公元前87年刘髆去世，五岁的刘贺袭封。刘贺在其封国行为失当，不听劝谏。迎立之后，荒淫昏乱、骄奢蛮横令人发指，满朝文武吃惊失望，痛心忧虑。霍光等大臣联名向上官皇后奏劾刘贺。上官皇后下诏将刘贺废黜，其在位27天。公元前63年，宣帝刘询封刘贺为海昏侯。公元前59年刘贺去世，终年33岁。

10. 宣帝刘询

荒淫昏乱的刘贺被废，霍光等大臣于公元前74年七月二十五日，改迎昭帝刘弗陵侄孙刘询即皇帝位，是为汉宣帝。刘询为刘进子，时年18岁。刘进是汉武帝故太子刘据儿子。刘询生下数月，即遇"巫蛊案"

二、西汉

入狱5年。出狱之后，寄养在祖母娘家。特殊身份，惨痛遭遇，流落民间，深谙民苦世理，为其执政打下基础。即位获得实权以后，强化君权，整顿吏治，重启刺史，"循名责实"；继续轻徭薄赋，着重发展经济；十次大赦天下，平反沉积冤狱；严惩不法官吏，打击豪强恶霸；边境屯驻重兵，扩土即设都护府管辖，既安边民又增疆土，史称"中兴盛世"。公元前49年十二月七日，汉宣帝刘询病逝。刘询在位26年，终年43岁。

11. 元帝刘奭（shì）

公元前49年十二月二十六日，太子刘奭即皇帝位。刘奭生于民间，8岁立为太子，27岁即位。刘奭性柔弱，情乖戾，广纳言却忠奸不辨，宠宦官又重用外戚，在位16年政绩平庸，西汉自他开始衰落。公元前33年五月二十四日，刘奭去世，终年44岁。

12. 成帝刘骜（ào）

公元前33年六月五日，20岁的刘骜即位。刘骜当政，宠外戚、宠后宫可谓登峰造极。他尊母亲王政君为皇太后，王政君从此成为西汉后期最为显赫最为持久的政治人物。依王政君之意，刘骜封舅父王凤大司马、大将军、领尚书事，又一口气封王政君5个异母弟为侯；后宫许皇后、班婕妤、赵飞燕、赵合德竞相争宠。刘骜也曾下诏减赋税，也曾设立"三公"强皇权，还亲自倡导编订图书，但仅此而已。公元前8年，自知生子无望的刘骜立侄刘欣为太子，提升王莽为大司马辅政，从而留下"赵氏乱内、外戚擅朝、王莽篡汉"等无穷祸患。公元前7年三月十八日，刘骜去世。其在位27年，终年45岁。

13. 哀帝刘欣

公元前7年四月八日，20岁太子刘欣即皇帝位。刘欣为定陶恭王刘康子。即位初，刘欣厉行节约，收揽朝政，稍有起色。然朝势所困，志才所限，重用外戚，宠幸嬖臣，残害忠良，促使朝政日衰。公元前1年六月二十六日，在位7年、年仅25岁的哀帝刘欣去世。

14. 平帝刘衎（kàn）

公元前1年九月一日，9岁刘衎即皇帝位，太皇太后王政君听政，大司马王莽统揽大权。刘衎为哀帝刘骜侄、中山孝王刘兴子，在位7年，公元5年十二月二十六日，15岁的汉平帝刘衎去世。

二、西汉

15. 孺子刘婴

公元6年三月一日，"摄皇帝"王莽立宣帝年仅两岁的玄孙刘婴（宣帝刘询→刘嚣→刘勋→刘显→刘婴）为皇太子，王莽"代太子"处理朝政。公元8年十二月一日，4岁刘婴被王莽封为安定公并长期囚禁。王莽通令禁止任何人与刘婴讲话，使其长大以后口不能言。公元25年二月刘婴被害，终年22岁。

16. 新帝王莽

公元8年十二月一日，54岁的王莽自立为皇帝，改国号"新"。王莽为人谦恭俭让，礼贤下士，在朝野很有威名。然而他仿《周礼》推出近乎井田制的"王田令"，妨碍人身自由的"私属令"，还有盲目推行的各种新币制，以及空前绝后的改名运动，造成财政、经济、社会更大混乱。公元23年十月绿林军攻入长安，自立16年、已经69岁的王莽死于乱刃。

17. 更始帝刘玄

公元23年二月一日，绿林军拥立汉室子弟刘玄称帝，定年号"更始"。刘玄在位3年，公元25年十二月十一日被赤眉军缢死，西汉亡。刘玄生年不详。

三、东汉

（25年—220年）

　　光武帝刘秀于公元25年建立东汉，并用37年扫灭赤眉军及全国大小数十个割据势力，结束王莽以来20多年的纷争，再次建立大一统多民族国家。东汉鉴于前朝弊端，进一步强化中央权力。为继续向西扩展，派班超通西域，平定天山南北，修路架桥开通丝绸之路。清查土地，振兴农业，人民生活改善。政府兴儒学，佛教传入中国。蔡伦完善造纸技术；张衡发明地动仪、浑天仪，科学思维领先世界，制作技术冠绝古今；冶铁已经用煤炭为燃料，使用水力推动的排风炉；漆器、瓷器更加精美；灌溉工具和水利事业获得进一步改进；铁犁牛耕技术从中原推广到北方高原和江南一带。到东汉后期，朝政腐败，皇帝年幼，外戚宦官轮番专政，门阀官吏形成集团，朝野一片混乱，百姓无有宁日。黄巾大起义等反抗斗争纷纷爆发，群

三、东汉

雄竞相博弈，社会陷于混乱。公元220年十月，东汉废于三国魏。其前后共传14帝，历196年，都洛阳。

1. 光武帝刘秀

公元25年六月二十二日，刘秀称帝，国号汉，都洛阳，史称东汉。刘秀生于公元前6年，为汉高祖九世孙。公元22年起兵，后加入绿林军。绿林军拥立刘玄为更始帝。后来因为军功，更始帝封刘秀为武信侯。这时候，更始朝内相互倾轧，被刘玄封为大司徒的刘秀兄刘縯被杀，刘秀借机到河北经营。刘秀礼贤下士，厚仁薄赋，广得民心，部属渐众。称帝后集中力量歼灭或招抚赤眉军及各路豪强，实现全国统一。刘秀以西汉末年朝廷乱象为鉴，以柔治国，好儒任文，重用儒士；劝退功臣，省刑减赋，安定民心；限制诸王权势，压制外戚势力，终于恢复大汉王朝元气，史称"光武中兴"。公元57年二月五日刘秀去世，他在位33年，享年64岁。

2. 明帝刘庄

公元57年二月五日，30岁太子刘庄即皇帝位。刘庄为刘秀第四子，公元43年封为太子。他聪明好学，大龄即位，长期随父皇处理朝政，积累了丰富经验。

即位后承继先统，限制"三公"特权，防范外戚干政，整顿吏治，选用贤才；轻徭薄赋，鼓励农耕；倡导儒学，创办学校；引进弘扬佛法，促进文化繁荣；联合周边民族夹击匈奴，设置西域都护，保持边疆稳定。公元75年八月六日刘庄去世，其在位19年，终年48岁。

3. 章帝刘炟（dá）

明帝去世当日，18岁太子刘炟即皇帝位。刘炟为明帝第五子，公元60年立为太子。刘炟性格宽容，遵从儒术，省刑慎罚，安抚流民，减免田租，奖励生育；带头研究古籍，主持编纂汉礼，在位期间社会安定，人民乐业。然刑罚宽容过度，纵容外戚专权，留下无穷隐患。公元88年二月三十日刘炟去世，其在位14年，终年31岁。

4. 和帝刘肇（zhào）

章帝刘炟去世，太子刘肇即皇帝位。刘肇为章帝刘炟第四子，公元82年立为太子，10岁即位，窦太后临朝，外戚窦宪专权。公元92年，14岁刘肇借宦官之力诛杀窦氏及党羽。亲政后能真诚爱民，轻徭薄税，崇尚俭朴，勤于政事。但经他之手开宦官干政先河，

三、东汉

因此为后朝埋下祸患。公元105年十二月十二日刘肇去世，其在位18年，终年27岁。

5. 殇帝刘隆

和帝去世当晚，襁褓之中的刘隆即皇帝位，邓太后临朝听政。刘隆在位八个月病逝。

6. 安帝刘祜（hù）

公元106年八月八日，邓皇后兄妹立13岁刘祜即皇帝位，邓太后继续临朝，车骑将军邓骘（zhì）专权。刘祜为章帝孙，清河孝王刘庆子。15年后邓皇后去世，亲政的刘祜与宦官合谋诛杀邓氏一党。此后，刘祜更加宠信宦官，广泛制造矛盾。三边告急，政令不通，天灾人祸，民不聊生。公元125年三月十日刘祜病逝，其在位20年，终年32岁。

7. 前少帝刘懿

刘祜去世，阎皇后临朝主政。为便于长期擅权，阎皇后伙同其兄车骑大将军阎显，于公元125年三月二十八日，立章帝孙刘懿为帝。同年十月二十七日，刘懿病故，史书未留下刘懿具体年龄。

从 **始皇登极** 到 **宣统退位**
——中国 363 位皇帝更迭速览

8. 顺帝刘保

公元125年十一月十四日，19名宦官拥立安帝刘祜儿子刘保即皇帝位。刘懿病故，阎皇后与阎显秘不发丧，日夜密谋新皇帝人选。就在阎氏兄妹权衡谁对他们最有利时，孙程等19名宦官拥11岁的刘保登殿。一番刀光之后，尽诛阎氏一党，19名宦官同时封侯。从此之后，宦官之宠无以复加，朝政衰败日新月异。公元144年八月六日刘保去世，在位20年，终年30岁。

9. 冲帝刘炳

顺帝去世当日，两岁太子刘炳即皇帝位，梁太后临朝听政，大将军梁冀擅权。刘炳在位六个月病逝。

10. 质帝刘缵（zuǎn）

公元145年一月二十五日，梁太后与大将军梁冀立8岁刘缵即皇帝位。刘缵为章帝玄孙、勃海孝王刘鸿子。刘缵自幼聪慧，曾在朝堂说梁冀"跋扈将军"，梁冀怀恨在心，于公元146年闰六月一日，将9岁质帝刘缵毒杀。

三、东汉

11. 桓帝刘志

公元146年闰六月七日，梁太后与梁冀立15岁刘志即皇帝位。梁太后继续临朝，梁冀依然专权。刘志为章帝曾孙，志大才疏，荒淫无度。公元159年八月十日，28岁的桓帝与宦官结盟诛杀梁氏，结束梁冀长达20多年的专权。然而，朝政再陷宦官手中，腐乱更甚。公元167年十二月二十八日刘志去世，其在位22年，终年36岁。

12. 灵帝刘宏

公元168年一月二十日，窦太后伙其父窦武立12岁刘宏即皇帝位。刘宏为章帝玄孙，刘苌（cháng）子。刘宏即位之后，外戚宦官依旧轮番弄权，且大兴党狱，陷害儒士，增加赋税，大修宫殿，天下骚乱，黄巾起事。公元189年四月十一日刘宏去世，其在位22年，终年33岁。

13. 后少帝刘辩

灵帝刘宏去世，14岁皇子刘辩于公元189年四月十三日即皇帝位，母亲何太后临朝。大将军何进谋诛宦官反被宦官诛杀，朝廷更乱。乘机入京的董卓于189

从 始皇登极 到 宣统退位
——中国 363 位皇帝更迭速览

年九月一日逼废后少帝刘辩，并在次年一月十日将其
鸩杀。刘辩在位六个月，年仅16岁。

14. 献帝刘协

董卓逼废后少帝刘辩当日，又立9岁刘协即皇帝
位。刘协为灵帝刘宏儿子，聪慧睿智，却生不逢时。
即位后遭董卓、李傕（jué）、郭汜、曹操相挟，直到
公元220年十月禅位于曹丕，东汉亡。刘协于公元234
年去世，其在位32年，终年54岁。

三国：魏・蜀・吴

（220年—280年）

公元196年，曹操逼汉献帝迁都许昌，挟天子以令诸侯，揭开了三国角逐和趋向鼎立的序幕。曹操为解决迫在眉睫的粮荒和军粮问题，也为安置汹涌四处的流民，便以军事编制形式施行屯田。这一招在解决实际问题的同时，增强了曹操的军事实力和政治威望。面对全国群雄割据的混乱局面，曹操以汉天子名义征讨四方，并于公元200年在官渡消灭号称"带甲百万、军粮十年"的袁绍，使他稳占中原成为定局。其后，东打西杀统一北方的曹操，南征时在赤壁大败于孙权、刘备联军。此时，虽然曹操实力略占上风，但已经难以吞并对方，魏、蜀、吴三足鼎立局面基本形成。三国提倡信赏必罚，主张法治，用人唯才；重视农业，鼓励垦荒，兴修水利，农业经济有所恢复；手工业实行官营，蜀地丝织业享有盛名；建安文学很有成就，三曹父子名列前茅；名医华佗成为历史上有记载以来首位利用麻醉技术治病的外科医生。

四、三国·魏

（220年—265年）

公元220年十月，曹操儿子曹丕称帝，国号魏。在所得北方之地广置州郡，所辖凉州达西域，幽州达辽东，南依秦岭淮河。曹魏信赏分明，主张法制，用人唯才，实行屯田，施行谷帛易市，稳定社会秩序，除禁令，轻关税，禁止私仇，广议轻刑，与民休养，提倡节俭，反对厚葬，使北方地区重现安定繁荣局面。魏传5帝，历46年，都洛阳，公元265年十二月亡于西晋。

1. 文帝曹丕

公元220年十月二十九日，汉献帝刘协禅位，曹丕称帝建魏，都洛阳，史称魏。曹丕为曹操第二子，文武双全，治国有才。他十多岁就领兵打仗，文坛上也冠领风骚。称帝后，曹丕废相国，行三公；兴太学，修孔庙；减赋税，少兵役；同匈奴、西域相来往，以九品中正选人才；明令后宫不得干政、太后不许临朝、外戚不能辅政。其治下民生得以休养，社会初步安定。公元226年五月十七日曹丕去世，其在位7年，终年40岁。

2. 明帝曹叡

曹丕去世，22岁太子曹叡即位。曹叡机智有谋，为政勤勉，任人唯贤，内政外交均有起色，国家实力得以增强。然后期恣意享乐，建宫室，选宫女，荒淫有加。公元239年一月曹叡去世，其在位13年，终年36岁。

3. 齐王曹芳

曹叡无子，病中立8岁侄曹芳为太子，托孤大将军曹爽与太尉司马懿。明帝曹叡去世当日，曹芳即位。司马懿与曹爽争揽朝权，水火不容。最后，司马懿灭曹爽三族而独揽大权。后司马懿病逝，其子司马师继续专权，并于公元254年九月十九日逼废在位16年的曹芳。公元274年曹芳去世，终年44岁。

四、三国·魏

4.高贵乡公曹髦（máo）

公元254年十月五日，司马师立14岁曹髦继明帝曹叡嗣为帝，朝政相继专权于司马师、司马昭。曹髦为曹丕长孙、东海王曹霖子，公元244年封为高贵乡公。公元260年五月七日，曹髦谋诛司马昭，事败被杀，司马昭逼郭太后下诏贬曹髦为平民。曹髦在位7年，终年20岁。

5.元帝曹奂

公元260年六月二日，司马昭立14岁曹奂为帝，仍继明帝曹叡嗣，司马昭总揽军政诸事。曹奂为曹操孙、燕王曹宇子。公元265年八月九日，司马昭病亡，其子司马炎执权。当年十二月十三日，在位6年，时年19岁的曹奂禅位于司马炎，曹魏亡。后曹奂被封为陈留王，公元302年病故，终年57岁，追谥"元皇帝"。

五、三国·蜀

（221年—263年）

公元221年十月，刘备闻听汉献帝去世，便在成都登基称帝，国号汉，史称蜀汉。刘备与诸葛亮同心治国，法礼并用，威德并行，执政工作效率明显提高。其后诸葛亮忠心辅佐，注重举贤，执法公平，吏治逐渐清明。蜀汉主要手工业实行公营，国力恢复。然平南中，数北伐，成效甚微。蜀占有今云南全省，四川、贵州二省大部，陕西、甘肃南部，广西西北部，以及缅甸东北部、越南西北部。蜀传2帝，历43年，都成都，公元263年十月亡于魏。

1. 昭烈帝刘备

公元221年四月六日，61岁刘备于四川称帝，国号汉。刘备生于公元161年，自称为汉景帝子中山靖王刘胜之后。他志向远大，为人谦和，礼贤下士，知人

五、三国·蜀

善任，喜交豪杰，恩加部属，素以仁德为世人称赞。自讨黄巾军起事，屡投公孙瓒（zàn）、陶谦、袁绍、刘表。后得诸葛亮辅佐，收江南诸郡及成都，称汉中王。称帝后率兵伐吴，败退白帝城。公元223年四月病逝，其在位3年，终年63岁。

2. 后主刘禅

公元223年五月，17岁太子刘禅即皇帝位，武乡侯诸葛亮辅政。刘禅自知才缺智短，明言"政由葛氏，祭则寡人"。刘禅即位初，由诸葛亮总摄内外。诸葛亮去世，蒋琬、费祎（yī）相继主政。后刘禅宠信宦官黄皓，朝政败坏。公元263年十月魏伐蜀，在位41年的刘禅投降，蜀汉亡。刘禅以"乐不思蜀"而至65岁终。

六、三国·吴

（229年—280年）

公元229年四月，孙权称帝，国号吴。吴采用军中编制推行屯田，屯田兵且耕且战，屯田户免除服役只管种田，促进军事、农业共同发展；借北方战乱，广泛接受南来富商大贾和生产技术，促进盐业、水利建设发展，商业往来增加；其水兵和造船业时称第一，其战船上下达五层，可容纳士兵三千人。吴辖地包括今浙江、福建、江西、广东、湖南等省，以及江苏、广西、安徽、湖北、重庆、上海等省、市、自治区大部，还包括今越南北部地区。吴传4帝，历52年，都建业（今南京），公元280年三月亡于西晋。

1. 大帝孙权

公元229年四月十三日，48岁孙权称帝，国号吴，史称东吴。7年前即公元222年九月，孙权被魏文

六、三国·吴

帝曹丕封为吴王。一个月后孙权自改年号"黄武"。孙权为长沙太守孙坚次子，性情豪爽，智谋过人，19岁独担江东大任，施仁政，轻赋役，灭军阀，稳后方。称帝后则好大喜功，猜忌忠臣，亲近小人，几废太子，伏埋祸根。公元252年四月病逝，其在位24年，终年71岁。

2. 会稽王孙亮

孙权去世，10岁太子孙亮即位，权臣诸葛恪、孙峻、孙綝（chēn）相继专权。公元258年九月二十六日，孙亮与太常全尚等谋诛大将军孙綝，事败被贬为会稽王。孙亮在位7年，公元260年秋，不甘屈辱的孙亮自尽，终年18岁。

3. 景帝孙休

公元258年十月十七日，大将军孙綝立24岁孙休为帝。孙休为孙权第六子，足智多谋，善于行事，即位后择机诛孙綝三族。孙休平反冤案，大兴农桑，广建屯田，国事向好。公元264年五月二十四日孙休病逝，其在位7年，终年30岁。

从 **始皇登极** 到 **宣统退位**
——中国 363 位皇帝更迭速览

4. 末帝孙皓

孙休去世，丞相濮阳兴与左将军张布立23岁孙皓为帝。孙皓父孙和，为孙权第三子。初即位，孙皓开仓赈灾，安抚百姓，释放宫女，收买人心。及坐稳皇位，即显残暴本性。杀大臣，霸民女，锯人头，剥人面，凿人眼，凶残至极。公元280年三月十五日，西晋大将王睿破建业，在位17年的孙皓投降，东吴灭。孙皓降晋以后，于公元283年十一月病逝，终年42岁。

七、西晋

（265年—316年）

公元265年十二月，三国魏晋王司马炎夺魏称帝，建立西晋。其前曹魏已经灭蜀，公元280年司马炎灭吴，完成国家统一。司马炎执政的25年，为西晋最好时期。司马炎重视生产，劝课农桑，兴修水利，百姓尚可乐业。然晋之后患，来自制度性安排和整体性腐败。晋之规定，王侯官员占田、荫亲免税可到九族；西晋大封宗室多达27王，而且允许诸王置三军，同时还可以担任地方执掌军政大权的要员。如此政策，直接导致诸王与官僚阶层各成一体，蔑视朝廷，攀比奸腐，竞相豪侈，以扭曲、放荡、奢侈为时尚。加之帝王传位失人，后宫恶毒妄乱，引发长达20年的八王之乱，皇室宗亲几遭屠绝，统治机构严重破坏，直接将国家人民推入五胡乱华深渊。西晋传4帝，历52年，都洛阳，公元316年八月亡于五胡十六国之匈奴人刘渊所建之前赵。

从 **始皇登极** 到 **宣统退位**
——中国 363 位皇帝更迭速览

1. 武帝司马炎

公元265年十二月十三日，司马炎逼魏元帝曹奂禅位称帝，国号晋，都洛阳。司马炎祖父司马懿、伯父司马师、父亲司马昭先后统揽曹魏大权，司马炎夺魏自立水到渠成。初即位，司马炎广揽贤才，奖褒直言；端正自身，勤于民事；发展农业，抚恤孤寡；削减官吏，提倡节俭；平战乱，灭东吴，收豪强，一统天下，有"太康之治"美称。然后期沉溺酒色，大修祖庙，宠信后宫，长期极尽奢华而上行下效，"乳汁喂猪""石崇斗富"成时尚；大封宗室，削州武备；拒臣苦谏，强立痴子为太子，为八王之乱、十六国乱华创造了条件。公元290年四月二十日司马炎病逝，其在位26年，终年55岁。

2. 惠帝司马衷

司马炎去世当日，32岁太子司马衷即皇帝位。司马炎有26个儿子，长子夭亡，司马衷即为长子。司马炎拒臣苦谏，执意立长和为儿子选定皇后贾南风，为西晋留下一个傀儡皇帝和"蛙鸣""肉糜"两则笑话，还留下祸乱滔天的贾南风。司马炎对司马衷聪慧的儿子司马遹（yù）寄予厚望，但让他预料不到的

七、西晋

是，司马遹却早早地死于皇后贾南风刀下。司马炎为儿子司马衷选就的这位外表与内心同等丑恶的皇后贾南风，祸乱内宫，搅乱内政，挑乱宗亲，引爆长达20年的八王之乱。八王之乱中，赵王司马伦于公元301年一月九日废司马衷自立；齐王司马冏（jiǒng）聚兵杀司马伦，于当年四月十三日扶司马衷复位。司马冏专权骄横，长沙王司马乂（yì）杀司马冏，各王又讨司马乂。之后，在自家混战中胜出的东海王司马越，于公元306年十一月十八日毒杀惠帝司马衷。司马衷在位17年，终年48岁。

3. 怀帝司马炽

司马衷去世四天后，司马炎最小的儿子、23岁的皇太弟司马炽即皇帝位，司马越以太傅辅政。司马炽为人正直，谦恭谨慎，学识渊博，朝野寄予厚望。然胆识谋略缺乏，内忧外患爆发，司马炽无奈且无为。时匈奴贵族刘渊称帝，羯族石勒投刘攻晋。公元311年六月，石勒破洛阳俘怀帝司马炽至平阳。公元313年二月一日，在位8年的怀帝司马炽被匈奴主刘聪毒杀，终年30岁。

4. 愍帝司马邺

公元313年四月一日，怀帝司马炽死讯传至长安，众臣于四月二十七日拥司马邺即皇帝位。司马邺为司马炎孙，年14岁。此时长安户不过百，皇帝也食不果腹。公元316年八月，匈奴大将刘曜再攻长安，饥民残兵奸臣难以抵抗，在位4年的愍帝司马邺开城投降，西晋亡。公元317年十二月，司马邺被刘聪毒杀，终年18岁。

八、东晋

（317年—420年）

公元317年三月，晋愍帝司马邺投降匈奴刘曜，南逃的中原世家大族，拥立司马懿曾孙、琅琊王司马睿为晋王。次年司马邺遇害，司马睿正式称帝，于江南重建晋室，史称东晋。时北方连年战乱，江南波及不深。东晋皇室官僚偏安一隅，无视中原百姓苦痛而尽在朝中倾轧，奢侈腐败一如西晋。唯陶渊明文学，顾恺之画作，王羲之书法均为巅峰之作。北方手工业和人口南下，促进江南开发和手工业发展。东晋传11帝，历104年，都建康，公元420年六月亡于刘裕建立的南朝宋。

1. 元帝司马睿

公元317年三月九日，琅琊王司马睿在建康称晋王，史称东晋。次年闻听愍帝司马邺去世，于三月十日在建康登皇帝位。司马睿是司马懿曾孙、琅琊王司马觐子。八王之乱时依附司马越，司马越得势封其安东将军守建康，琅琊世家王导尽心辅佐。司马睿和王导注重依托北来汉人，用心善待三吴大族，初定江南。司马睿称帝后封王导为尚书，封王导堂兄王敦为将军。初期发展生产，恢复经济，稍有作为。但偏安享乐、奢靡颓废、钩心斗角、不谋统一、窝中争利是司马睿君臣的共同趋向。大将王敦篡位之心日显，司马睿忧心日重，忧闷中于公元322年十一月十日病逝，其在位6年，终年47岁。

2. 明帝司马绍

司马睿去世第二天，24岁太子司马绍即皇帝位。司马绍为司马睿长子，文武双全，智勇齐备。即位后统兵平王敦叛乱，重用庾亮平衡元老王导，成功巩固东晋政权。在司马绍正要有所作为时，不幸于公元325年八月二十五日病逝，其在位4年，终年27岁。

3. 成帝司马衍

司马绍去世次日，5岁太子司马衍即皇帝位，庾太后临朝，大司徒王导、中书令庾亮辅政。庾亮仗己为太后兄，恣意排斥异己，独揽大权，诛杀宗亲，挑

八、东晋

起战乱。公元328年春，庾亮杀司马宗，临淮太守苏峻以要为司马宗报仇为名攻入建康，成帝司马衍几于饿死。其后叛军虽然被消灭，但司马衍更加有名无实。公元342年六月八日，在位18年、年仅22岁的司马衍病逝。

4. 康帝司马岳

公元342年六月九日，21岁皇太弟司马岳即皇帝位。司马岳为皇帝，舅父庾冰功不可没。即位后委政庾冰，自己做傀儡。两年后的公元344年九月二十六日，康帝司马岳病逝，年仅22岁。

5. 穆帝司马聃（dān）

康帝司马岳去世，两岁太子司马聃即皇帝位，褚太后临朝，会稽王司马昱辅政。公元347年荆州刺史桓温灭成汉，收益州，权倾朝野。公元357年14岁司马聃亲政，仅有名分而已。公元361年五月二十二日，在位18年、年仅19岁的司马聃病逝。

6. 哀帝司马丕

司马聃无子，公元361年五月二十五日，大臣立司马丕即皇帝位。司马丕为成帝司马衍长子、穆帝司马聘堂兄，年21岁。即位后减田赋、解民困，好似有所作为，然信术士不听臣谏，只服药不食五谷，即位第二年因药毒并发不能上朝，褚太后再度临朝。公元365年二月二十二日司马丕病逝，其在位5年，终年25岁。

7. 海西公司马奕

司马丕无子，权臣以太后诏立司马奕即皇帝位。司马奕为司马丕弟，年24岁。公元369年桓温北伐前燕惨败，为转移视线及创造篡位条件，桓温诬司马奕亲信嬖人，污秽后宫，于公元371年十一月十五日废司马奕为海西县公。在位7年的司马奕，在废帝15年后去世，终年45岁。

8. 简文帝司马昱

司马奕被废当日，桓温立司马昱即皇帝位。司马昱为元帝司马睿少子，时年51岁。司马昱初封琅琊王，已经任职几朝，当时身为丞相、录尚书事。桓温已权倾当朝，威震内外。司马昱虽处帝位，然而整日担心自己被废黜，残喘中无暇也无才济世。公元372年七月二十八日，在位不足九个月的司马昱病逝，终年52岁。

八、东晋

9. 孝武帝司马曜

司马昱病逝，公元372年六月九日，11岁太子司马曜即皇帝位。已经在穆帝、哀帝、废帝、简文帝四帝执掌朝政的桓温，满以为司马昱会像魏元帝曹奂一样，将皇位禅让于自己，岂料简文帝司马昱立下遗诏，让其步诸葛亮后尘辅政。恼怒中的桓温挥师京城欲武装夺权，却半路发病，不久身亡。孝武帝司马曜重用谢安等大臣。谢安有胆有识，率弱兵拒前秦，淝水之战留名青史。然武帝深溺酒色，不理朝政，重用贪婪阴险皇弟司马道子，任其排挤忠臣能将，复使朝廷腐败不堪。整天沉溺后宫的司马曜，因为一句戏言，于公元396年九月二十一日死于自己最宠爱的张贵人刀下。司马曜在位25年，终年35岁。

10. 安帝司马德宗

司马曜去世第二天，15岁太子司马德宗即皇帝位，太傅司马道子辅政。司马德宗为司马曜长子，"性愚痴，口不能言，无辨寒暑，不知饥渴"，由其弟司马德文照顾衣食起居。其间，荆州刺史桓玄于公元402年起兵，403年十一月二十一日废安帝自立。后刘裕起兵灭桓玄，扶司马德宗复位。公元418年十二月十七日，安帝司马德宗被刘裕缢杀，其在位23年，终年37岁。

11. 恭帝司马德文

刘裕缢杀安帝司马德宗，立其弟司马德文即皇帝位。公元420年六月十一日，刘裕逼在位仅一年半的恭帝司马德文禅位，东晋亡。次年九月，刘裕杀司马德文，司马德文终年37岁。

五胡十六国

（304年—439年）

　　史书所称的五胡十六国（实际不止十六国），其中五胡指匈奴、鲜卑、氐、羌、羯五个少数民族；十六国指主要由这五个少数民族和汉族建立的割据政权。具体有匈奴人刘渊建立的前赵，沮渠蒙逊建立的北凉，赫连勃勃建立的夏国；鲜卑人慕容皝建立的前燕，慕容垂建立的后燕，慕容泓建立的西燕，秃发乌骨建立的南凉，慕容德建立的南燕，乞伏国仁建立的西秦，拓跋什翼犍建立的代国；羯族人石勒建立的后赵；氐族人苻洪建立的前秦，吕光建立的后凉；巴氐族人李雄建立的成汉；羌族人姚苌建立的后秦；另有汉族人张寔建立的前凉，谯纵建立的西蜀，李暠建立的西凉，冯跋建立的北燕、冉闵建立的冉魏等。十六国之称，来自北魏崔鸿等所撰的《十六国春秋》。就上述割据政权中，史家一般不把慕容泓建立的西燕、

从 **始皇登极** 到 **宣统退位**
——中国 363 位皇帝更迭速览

拓跋什翼犍建立的代国、谯纵建立的西蜀和冉闵建立的冉魏列入其中。但拓跋什翼犍建立代国39年，经他之手完成了部落联盟向国家形式的转变；冉魏虽然存国只有两年，但在极端残酷的环境中，冉闵异军突起，消灭当时强大而又残忍的后赵，这种敢于在强敌环绕中崛起的精神很有意义；西蜀历9年，西燕历11年，它们无论形式还是内容，都与十六国不相上下。为了给读者尽可能全的五胡十六国信息，这里将代、冉魏、西蜀、西燕也和其他十六国一样予以介绍。

九、五胡十六国·前赵

（304年—329年）

公元304年十月，匈奴酋长刘渊在左国城（山西临汾）称汉王。其后，刘渊侄刘曜改国号为赵，史称前赵。前赵传5主，历26年，都平阳（山西临汾西北）。统治区域有今陕西、河北、山西、河南、甘肃大部或部分地区。公元329年八月亡于后赵。

1. 光文帝刘渊

公元304年十月，匈奴酋长刘渊在左国城称汉王。刘渊祖父为南匈奴单于，父刘豹为匈奴左部帅。刘渊曾被西晋封为建威将军、汉光乡侯，后起兵叛晋。称汉王8年之后，刘渊于公元308年十月三日改称皇帝。公元309年刘渊派兵攻占晋黎阳、延津，包围洛阳。公元310年七月十八日，在位7年的刘渊病逝，生年不详。

从 **始皇登极** 到 **宣统退位**
——中国363位皇帝更迭速览

2. 刘和

刘渊去世，太子刘和即位。刘和为刘渊长子，公元308年正月被立为太子。刘和嫉妒猜疑，刻薄寡恩，滥杀诸王。刘渊去世前，托手握十万劲卒的楚王刘聪辅佐刘和。刘和意欲消灭刘聪，在他登极四天后，便发兵攻打刘聪，刘聪率兵反击。公元310年七月二十四日，刘聪将在位只有7天的刘和斩首，刘和生年不详。

3. 昭武帝刘聪

刘聪斩杀刘和，众臣拥其即位。刘聪为刘渊第四子，即位后派兵攻洛阳、长安，俘西晋怀帝、愍帝，于公元316年八月灭西晋。刘聪设百官，实行胡汉分治，朝政有了起色。其后，刘聪沉溺酒色，荒废纲纪；宦官弄权，挑拨是非；众子弟各拥强兵，争权夺利，朝政败坏；战乱饥荒，人民逃离。公元318年七月十九日，在位9年的刘聪病逝，其生年不详。

4. 隐帝刘粲（càn）

刘聪病逝次日，太子刘粲登极。刘粲昏庸无行，荒淫无度；听信谗言，滥杀宗亲；封国丈靳准为大将军，并委其全盘执掌国政。靳准假传圣旨，提升自家

九、五胡十六国·前赵

弟兄分掌军权。一番准备之后，靳准于公元318年九月发动政变，杀刘粲，灭刘氏皇族，掘刘聪墓砍其头。靳准自称大将军、天王，以皇帝身份发号施令。刘粲在位两个月，生年不详。

5. 赵王刘曜

靳准残酷政变，并以皇帝身份发号施令，惹怒刘氏后人。中山王刘曜从长安发兵讨靳准，尽斩靳氏男女老幼。公元318年十月刘曜即帝位，迁都长安，改国号赵。刘曜为刘渊侄，少孤，刘渊将其收养身边。刘曜继续实行胡汉分治，迁氏、羌、匈奴等族10多万人于长安，令其各保持部落编制。公元328年十一月，后赵大兵压境，沉迷酒色的刘曜慌忙布阵。十二月五日，阵前仍酩酊大醉的刘曜被后赵俘杀，刘曜太子刘熙组织抵抗。公元329年八月，后赵生擒刘熙，斩，前赵亡。刘曜在位12年，生年不详。

十、五胡十六国·成汉

（304年—347年）

公元304年十月，巴氐人李雄攻取成都自立，国号成。后李寿改国号汉，史称成汉，都成都。成汉统治区域有今四川、湖北、云南、贵州、陕西、甘肃大部或部分地区。共传5主，历44年，公元347年三月灭于东晋。

1. 武帝李雄

公元304年十月，李雄在益州（四川成都）自称成都王，公元306年称帝。李雄为李特子。公元301年巴氐族首领李特在蜀地带领西北流民起事，自称益州牧。公元303年，李特被益州刺史杀，其子李雄嗣位，后称王、称帝。李雄注重发展农业，减轻徭役赋税，规定男丁年缴谷3斛，妇女减半，病者再减半。他选贤任能，宽刑省罚，举办学校，社会安定，百姓乐业，

十、五胡十六国·成汉

周边州郡相继归附。公元334年六月二十五日李雄病逝，其在位31年，终年61岁。

2. 戾太子李班

武帝李雄病逝，47岁太子李班即位。李班为李雄兄李荡子，为人宽厚仁慈，孝老恤民。公元334年十月二十三日，在李班全心料理李雄丧事期间，被车骑将军李越刺杀。

3. 哀帝李期

李越杀死李班的第二天，拥自己22岁弟弟李期为帝。李期为李雄第四子，多才多艺，为人聪明。即位后恃才骄纵，嫉贤妒能，杀人无数，暴虐至极。公元338年四月，汉王李寿拥兵矫太后诏，废李期为邛都县公，同年五月李期自缢而亡。其在位4年，终年25岁。

4. 昭文帝李寿

李寿拥兵废李期自立为帝。李寿为李特弟李骧子、李雄侄，时年39岁。李寿暴虐甚于李期，部属小过即刻处死，为示繁华强迫百姓迁入京城，借机将太宗李雄儿子全部屠杀。公元343年八月李寿病逝，其在位6年，终年44岁。

5. 归义侯李势

　　李寿去世，长子李势即位。李势骄傲荒淫，只信身边小人，刑罚残酷，民不聊生。公元347年三月，东晋征西将军桓温攻成都，李势降，成汉亡。李势在位5年，公元361年死于建康，生年不详。

十一、五胡十六国·前凉

（317年—376年）

西晋亡后，远在河西的凉州刺史张寔于公元317年建立政权，史称前凉。前凉传8主，历60年，统治区域有今新疆、甘肃、宁夏大部或部分地区。公元376年八月，前凉亡于前秦。

1. 昭王张寔（shí）

张寔于公元317年建立政权，史称前凉。张寔为张轨子。公元301年，很有远谋的晋散骑常侍张轨自请出任凉州刺史。公元314年二月，西晋以张轨为凉州牧、西平郡公。同年五月张轨病逝，43岁子张寔即位。三年后西晋亡，张寔自立。张寔比较清明，远离晋朝战乱，当地百姓生活安定，大量内地移民加入，户丁兴旺，有效促进了当地经济文化发展。公元320年六月，张寔部下阎沙等人听信术士之言，潜入宫中行刺，在

从 始皇登极 到 宣统退位
——中国 363 位皇帝更迭速览

位3年的张寔去世，终年49岁。

2. 成王张茂

张寔遇刺去世，其子张骏年幼，众臣推举张寔弟张茂袭位。公元323年前赵刘曜进犯，张茂严阵以待，终使敌未敢渡河。公元324年五月十四日张茂病逝，其在位5年，终年48岁。

3. 文王张骏

张茂去世，被其封为世子的张骏即位。张骏为张寔子，时年18岁。张骏用心处理政事，倡导忠孝治民，国家富足，人民安定。张骏派将领联络沟通西域，西域各国都来朝贡。公元330年，张骏收复前赵所占土地，设立前进指挥营管辖。公元346年五月二十三日张骏病逝，其在位23年，终年40岁。

4. 桓王张重华

张骏去世后，众臣拥其20岁子张重华即位。张重华任用年轻有为的将帅抵御来犯之敌，保境安民。公元353年十一月十八日，在位8年、年仅27岁的张重华病逝。

十一、五胡十六国·前凉

5.凉宁侯张曜灵

张重华去世，10岁儿子张曜灵继位。张重华庶兄张祚矫诏辅政。一月后，张祚伙同马太后废张曜灵。公元355年八月张曜灵被杀，终年12岁。

6.威王张祚

张祚伙同马太后废张曜灵后自立，次年正月自称凉王。张祚为张骏庶子，被封长宁侯。张祚荒淫暴虐令人难以置信，上下怨声载道，杀张曜灵引起公愤，公元355年九月被将士杀死。张祚在位2年，生年不详。

7.冲王张玄靓（jìng）

张祚被杀以后，众将拥立张重华7岁儿子张玄靓即位。公元363年闰八月，张骏少子、张玄靓叔父、权臣张天锡杀张玄靓。张玄靓在位9年，终年14岁。

8.悼公张天锡

张天锡杀张玄靓自立。之后，张天锡寄情酒色，不理国家大事，给前秦大好机会。在前秦大军强攻下，张天锡于公元376年八月二十七日投降，前凉亡。张天锡在位14年，生卒之年不详。

十二、五胡十六国·后赵

（319年—351年）

公元319年十一月，前赵安东大将军石勒在襄国（河北邢台）自称赵王，国号赵，史称后赵。后赵传7主，历33年，都襄国，后迁都于邺。统治区域有今河北、山西、山东、河南、陕西、甘肃、江苏、辽宁大部或部分地区。公元351年四月为冉闵所灭。

1. 明帝石勒

公元319年十一月，前赵安东大将军石勒自称赵王，国号赵。石勒为羯人，年轻时被卖为奴隶，后投前赵刘渊，战功卓著。在前赵全盛时，石勒独立门户，10年后剿灭前赵，成为北方地域最广、实力最强的割据政权。石勒为政勤勉，奖励农耕，抚恤孤寡，看重知识，尊重人才，崇尚儒学，倡导佛教，创建学校，人民获得生机，社会趋于稳定。公元330年二月，

十二、五胡十六国·后赵

大臣拥石勒为大赵天王，九月正式称帝，迁都邺城。公元333年七月二十一日，在位15年的石勒病逝，终年60岁。

2. 海阳王石弘

石勒去世，20岁太子石弘即位，久以觊觎皇位的石勒侄石虎总摄朝政。石弘为石勒第二子，自幼亲近儒家文化，喜爱读书作文。即位之后，面对贪婪残暴的石虎，石弘自知为虎口羔羊，几次禅让未果。而石虎伪装在朝，借石弘之手铲除异己，提拔亲信。公元334年十一月，石虎废石弘自立为天王，次月杀石弘。石弘在位2年，终年22岁。

3. 武帝石虎

石虎夺位之后，暴虐荒淫本性暴露无遗。他诛杀石弘一族，连年大兴土木修筑宫殿，广搜美女3万之多充实后宫。公元349年一月，重病中的石虎正式称帝，立子石世为太子。同年四月二十三日，在位16年的暴君石虎去世，终年55岁。

4. 谯王石世

石虎去世当日，太子石世即位，刘太后听政。次月，彭城王石遵反叛朝廷，于当月十五日废石世。不久石世被杀，其在位33天，终年11岁。

5. 彭城王石遵

石虎第九子、石世异母兄石遵杀石世夺位自立。当年十一月，石遵密谋诛杀辅国大将军冉闵，冉闵率兵杀石遵。石遵在位183天，生年不详。

6. 义阳王石鉴

冉闵杀石遵，立石虎子义阳王石鉴为帝。其后石鉴难忍冉闵专横，派兵围其住所欲以诛杀，战不能胜，冉闵再杀石鉴。石鉴在位103天，生年不详。

7. 赵王石祇（zhī）

石鉴被杀后，在襄国的石虎子、新兴王石祇于公元350年三月自立为帝，起兵讨伐冉闵，战败，次年四月被杀，后赵亡。石祇在位13个月，生年不详。

十三、五胡十六国·前燕

（337年—370年）

公元337年十月，曾被东晋封为辽东公的慕容皝自称燕王，都龙城（辽宁朝阳），后迁都于蓟城（北京西南）、邺城，史称前燕。前燕传3主，历34年，统治区域有今河北、山东、山西、河南、江苏、辽宁大部或部分地区。公元370年十一月，前燕亡于前秦。

1.文明帝慕容皝（huàng）

公元337年十月，慕容皝自称燕王，史称前燕。慕容皝为慕容廆（wěi）第三子。西晋亡后，雄居辽西的慕容廆自称大单于，在辽河流域建立政权。公元333年五月慕容廆病逝，37岁儿子慕容皝嗣位。慕容皝率兵除乱，联合后赵灭段辽，多次攻占后赵土地，以减免田租、提供耕牛吸引中原民众耕种辽河流域土地，提高生产技术，增加户籍人口，国力明显增强。公元348

年八月，慕容皝患病，即传位于儿子慕容儁。同年九月十七日慕容皝去世，其在位12年，终年52岁。

2. 景昭帝慕容儁（jùn）

慕容皝去世，世子慕容儁于同年十一月二十六日嗣位。公元350年二月，慕容儁亲率大军攻后赵，三月攻下蓟城（北京西南），后迁都于此。公元350年八月灭冉魏，同年十二月十三日称帝。后迁都邺城。入主中原之后，前燕君臣迅速腐化。皇帝慕容儁后宫四千，童仆五万，穷奢极欲，日费万金。公元360年正月二十一日慕容儁病逝，其在位13年，终年42岁。

3. 幽帝慕容暐（wěi）

慕容儁去世四天后，太子慕容暐即位。其时上层争权夺利，腐败迅速蔓延，以致"政以贿成，官非才举"，民不聊生，众叛亲离。公元370年十一月，前秦苻坚以王猛为统帅攻占邺城，慕容暐被俘，后被杀，前燕亡。慕容暐在位11年，终年45岁。

十四、五胡十六国·代

（338年—376年）

公元338年十一月，拓跋什翼犍继承代王位，都盛乐（内蒙古和林格尔）。传1主，历39年，统治区域有今山西、内蒙古部分地区。公元376年十一月亡于前秦。

1. 代王拓跋什翼犍

公元316年，晋封为代王的拓跋猗奇去世，鲜卑索头部在内乱中难复元气。后到拓跋翳槐时有所好转。拓跋翳槐去世时，指定拓跋什翼犍继承王位。拓跋什翼犍曾作为质子在后赵襄国生活多年，深受汉文化影响。公元338年十一月即位，立即建立政府机构，任命文武官员，制定法律规章，努力发展生产，民众纷纷归附。其间率兵攻高车、击刘卫辰，不断开疆拓土。公元376年十一月，匈奴左贤王刘卫辰请前秦伐代。苻坚派兵30万两路进攻拓跋什翼犍。已患重病的拓跋什翼犍退奔阴山，前秦撤军后才回盛乐。时因安排继承人选等问题久拖未绝，庶长子拓跋寔君弑父拓跋什翼犍，代亡。拓跋什翼犍在位39年，终年57岁。

十五、五胡十六国·冉魏

（350年—352年）

公元350年正月，冉闵灭后赵之后称帝，国号大魏，都邺城，史称冉魏。冉魏1主，历3年，公元352年一月亡于前燕。

1. 悼武天王冉闵

公元350年正月，夺后赵大权的冉闵称帝，国号大魏，史称冉魏。冉闵借后赵石虎去世诸子血腥争位之机夺取政权。冉闵刚一建国，周边各政权即予残酷围攻。公元352年正月，冉魏破襄国攻灭后赵，殊死战争耗尽国力。同年四月，在鲜卑政权前燕14万铁骑反复攻杀下，冉闵被俘。后邺城陷落，冉闵被杀，立国3年的冉魏亡。

十六、五胡十六国·前秦

（350年—394年）

公元350年二月，被东晋封为征北大将军、冀州刺史、广川郡公的氐族世家苻洪，自称大将军、大单于、三秦王，史称前秦。统治区域有今河北、山西、山东、陕西、甘肃、宁夏、河南、四川、贵州、江苏、湖北、辽宁全部或大部。至公元382年苻坚派吕光进驻西域，前秦版图东极沧海，西并龟兹，南有襄阳，北尽沙漠，同期及之后的北魏、北周、北齐均不可比拟。前秦传7主，历44年，公元394年十月亡于后秦。

1. 惠武帝苻洪

被东晋封为征北大将军的氐族世家苻洪，于公元350年二月自立为三秦王。苻洪生于公元285年，性格豪爽，善于骑射，很有谋略。势力不足以与诸强争雄时，先后投前赵刘曜、后赵石虎、东晋司马聃。三次

十六、五胡十六国·前秦

受封、多次得到实惠，使其实力迅速增强。正在苻洪着手开疆拓土时，同年三月被部下毒杀。其在位1年，终年66岁。

2. 明帝苻健

苻洪死后，继承王位的苻健率兵攻入长安。苻健为苻洪第三子，于公元351年正月二十日正式称帝，国号大秦，都长安。公元354年率军成功抵御东晋桓温北伐大军。公元355年六月十五日，在位6年的苻健病逝，终年39岁。

3. 厉王苻生

苻健去世次日，太子苻生即位。苻生徒步追奔马，空手搏猛兽，性格凶残，力大无比。即位后更加残暴，宫中府中，见不顺眼者手起刀落，剖腹挖心，杀人如儿戏。公元357年六月，苻健侄、东海王苻坚得悉苻生忌恨自己，并准备下手诛杀，苻坚便率先发动政变，先贬苻生为越王，后杀之。苻生在位3年，终年24岁。

4. 宣昭帝苻坚

苻坚先下手诛杀苻生，部众拥其继承帝位。时苻坚20岁，文武双全，深谋远虑。他重用汉臣王猛，

整顿吏治，打击豪强；轻徭薄赋，兴修水利；兴办学校，培养人才；节俭用度，亲自耕种，复苏经济。在国力增强、内政稳固之后，开始征讨四方，谋求国家统一。公元370年开始，先后灭前燕、前凉、代国，武力统一黄河流域，收东晋梁、益二州，周边少数民族接连臣服。公元376年，整个北方并入前秦版图，成为对峙东晋的唯一政权。公元375年七月王猛病逝，苻坚失去辅佐能臣，统一大业严重受挫。公元383年七月，苻坚率90万大军讨伐东晋，惨败于淝水，国力一蹶不振。公元384年冠军将军慕容垂、北地刺史慕容泓、龙襄将军姚苌纷纷叛秦自立。公元385年五月，前燕慕容冲围长安。苻坚突围出城，两月后被后秦姚苌生俘，八月二十六日被缢杀。苻坚在位29年，终年48岁。

5. 哀平帝苻丕

苻坚被杀，长子苻丕于晋阳（山西太原）即位。公元386年十月，苻丕在与西燕慕容永交战中大败，逃走途中被东晋扬威将军冯该斩杀。其在位2年，生年不详。

6. 高帝苻登

公元386年十一月，众将拥苻登即位。苻登为苻坚族孙。公元394年七月，苻登大败于后秦姚兴，后被杀。其在位9年，终年52岁。

7. 东平王苻崇

苻登被杀，太子苻崇奔逃湟中（青海湟中）嗣位。当年十月，被西秦乞伏乾归驱逐。无处立足的苻崇投奔陇西王杨定，后被乞伏乾归杀，前秦亡。苻崇在位四个月，生年不详。

十七、五胡十六国·后燕

（384年—407年）

前秦淝水之败以后，慕容垂趁机脱离前秦。公元384年正月，慕容垂在荥阳称燕王。又经两年征战，于公元386年一月即皇帝位，国号燕，定都中山，史称后燕。后燕传4主，历24年，统治区域有今河北、山东、山西、河南、辽宁全部或大部。公元407年七月，后燕亡于北燕。

1. 成武帝慕容垂

淝水之败归来的前秦苻坚，派冠军将军慕容垂往邺城，以镇压于河北起事的丁零族翟斌。久怀复燕之心的慕容垂趁机脱离前秦，于公元384年正月在荥阳称燕王。又经两年征战，于公元386年正月即皇帝位，国号燕。慕容垂曾为前燕大将，公元369年率兵大败前来攻燕的东晋桓温而威名大振，后遭排挤弃前燕投奔前

十七、五胡十六国·后燕

秦。为伺机复燕，慕容垂力纵苻坚伐晋，淝水之败为慕容垂创造绝佳机会，慕容垂叛秦自立水到渠成。称帝后，慕容垂充分发挥军事才能。公元386年率兵南下，攻取曾被东晋从前燕夺回的青州、兖州、徐州等大片土地，接着又剿灭吴深叛乱。公元387年大败叛前燕投东晋的温祥。公元391年向西大败鲜卑贺兰部，向东击败高句丽，消灭刘显，占据辽东。后灭丁零族翟氏政权，擒慕容永亡西燕，拥地等同前燕，成为当时北方第一大国。公元396年三月，71岁高龄的慕容垂率兵伐北魏，途中染病于四月十日去世，在位13年。

2. 惠愍帝慕容宝

慕容垂去世，太子慕容宝于四月二十九日即位。慕容宝猜忌多疑，即位后内讧不断，又逢北魏大举进攻，内外交困。公元398年四月二十六日，慕容宝被部下兰汗所杀。慕容宝在位3年，终年44岁。

3. 昭武帝慕容盛

兰汗杀慕容宝、太子及大臣100多人，自称大将军、大单于。慕容宝庶长子慕容盛于公元398年七月二十日，诛杀兰汗及其党羽自立。慕容盛认为父皇慕容宝懦弱而遭杀身之祸，即以严刑苛法、冷酷无情施政，王朝内外人人自危。公元401年八月二十日，慕容盛遭部下刺杀身亡，其在位4年，终年29岁。

4. 昭文帝慕容熙

慕容盛被杀，丁太后与朝臣立慕容垂17岁小儿子慕容熙即位。无才无德、骄奢荒淫的慕容熙兴土木，宠后宫，杀大臣，不得人心。公元407年七月二十九日，被慕容熙逼逃山林暗中潜回的冯跋所杀，后燕亡。慕容熙在位7年，终年23岁。

十八、五胡十六国·西燕

（384年—394年）

公元384年四月，前秦长史、鲜卑人慕容泓叛前秦，于陕西华阴自称燕济北王，史称西燕，都长子（山西长治）。统治区域有今山西、河北一带。西燕传7主，历11年，公元394年八月亡于后燕。

1. 济北王慕容泓

公元384年三月，前秦长史慕容泓于陕西华阴自称燕济北王，史称西燕。前秦苻坚灭前燕，尽徙鲜卑人入关中。淝水大败后，前秦政权分崩离析，前燕皇族慕容泓反前秦自立。慕容泓恩薄德浅，执法苛刻，同年六月被谋臣高盖诛杀。

2. 威帝慕容冲

高盖杀慕容泓，拥立慕容冲为皇太弟，自己为尚

书。慕容冲为前燕景昭帝慕容儁子、慕容暐弟。公元
385年正月慕容冲继承帝位，率兵攻破长安，纵兵烧杀
抢掠。慕容冲乐居帝都长安，赏罚随心所欲，引起日
夜思归的鲜卑人众怒。公元386年二月，左将军韩延发
动政变斩慕容冲。

3. 燕王段随

韩延杀慕容冲，拥段随为燕王。次月仆射慕容
恒、尚书慕容永诛杀段随。

4. 燕王慕容顗（yǐ）

段随被杀，慕容恒、慕容永立宜都王慕容桓子慕
容顗为燕王。慕容恒弟、护军将军慕容韬又杀慕容顗。

5. 燕王慕容瑶

慕容韬杀慕容顗惹怒慕容永。慕容永发兵击败慕
容韬。慕容恒立慕容冲子慕容瑶为燕王，慕容永发动
政变杀慕容瑶。

6. 燕王慕容忠

慕容永杀慕容瑶，另立慕容泓子慕容忠为燕王，
自己为太尉、尚书令。同年6月，武威将军刁云再次政

变杀慕容忠。

7. 燕王慕容永

刁云杀慕容忠，拥立慕容永为燕王。慕容永稳定局势率众东行，其后在征伐和被征伐中度过8年。公元394年八月后燕破西燕，慕容永被斩，西燕亡。

十九、五胡十六国·后秦

（384年—417年）

公元384年四月，前秦龙襄将军姚苌自称大将军、大单于、万年秦王，史称后秦。后秦传3主，历34年，都长安，统治区域有今陕西、山西、甘肃、宁夏部分地区。公元417年八月，后秦亡于东晋。

1. 武帝姚苌（cháng）

公元384年四月，前秦龙襄将军姚苌自称大单于、万年秦王，史称后秦。姚苌生于羌族世家，长年随兄姚襄征战。公元357年四月，姚襄在与前秦大战中被杀，部众推举姚苌为首领。在强敌前秦和东晋夹击下，为保护部属，姚苌率众投降前秦。姚苌在前秦南征北战，功劳显赫。公元383年前秦淝水大败，各族首领趁机自立。姚苌前往渭北，广招周边羌人，训练军队，积聚粮草，扩大势力。时西燕围攻长安，前秦苻

十九、五胡十六国·后秦

坚战败出逃时，被姚苌兵生俘缢死。后西燕放弃长安东归，姚苌趁机攻占长安，于公元386年称帝，国号大秦。姚苌称帝后，以灵活战术与前秦苻登周旋，于残酷杀伐中保存实力。公元394年十二月姚苌病逝，其在位11年，终年64岁。

2. 文桓帝姚兴

姚苌去世后，29岁太子姚兴即位。公元394年，姚兴抓住战机大败并斩杀前秦苻登，其后接连平叛扩张，使其成为当时北方仅次于前秦的第二大国。姚兴谋划战事，重视政事；大兴儒学，讲求法制；选用贤才，打击污吏；创办学校，培训官吏；尊西域僧人鸠摩罗什为国师，支持翻译佛经300多卷；带头提倡节俭，释放卖身奴隶，社会清明，国力强盛，周边邻邦多来归附。公元416年二月，姚兴病逝，其在位23年，终年51岁。

3. 姚泓

姚兴病逝，太子姚泓即位。此时，东晋加封为大都督的刘裕向后秦发动灭国战争。新主登极，形势严峻，后秦内部纷争不断，叛乱不绝。刘裕大军攻陷洛阳，公元417年八月攻破长安，八月二十四日姚泓投降，后秦亡，姚泓被斩于建康。姚泓在位2年，终年30岁。

二十、五胡十六国·西秦

（385年—431年）

公元385年九月，前秦叛将乞伏国仁自称大都督、大将军、大单于，领秦、河二州牧，后乞伏乾归自称秦王，史称西秦。西秦传4主，历47年，统治区域有今甘肃西部、南部和青海部分地区。公元431年八月，西秦亡于夏。

1. 宣烈王乞伏国仁

公元385年九月，前秦前将军乞伏国仁叛前秦而自称大都督、大单于。乞伏国仁为鲜卑贵族，其父乞伏司繁降前秦苻坚，屡建战功，被封镇西将军。乞伏司繁去世，乞伏国仁嗣位。前秦苻坚大举攻晋时，任命乞伏国仁为前将军兼先锋骑兵司令。时乞伏国仁叔父乞伏步颓在陇西起兵反秦，苻坚派乞伏国仁回军讨伐。乞伏国仁侄叔合兵叛秦自立，修筑勇士城（甘肃

二十、五胡十六国·西秦

榆中县东北）。公元388年六月，乞伏国仁去世。其在位4年，生年不详。

2. 武元王乞伏乾归

乞伏国仁去世，子乞伏公府年幼，众臣推举乞伏国仁弟乞伏乾归即位。公元394年十月，乞伏乾归斩前秦苻崇，尽得前秦陇西之地，遂改称秦王。公元400年七月乞伏乾归臣服南凉，八月臣服后秦，公元409年复国再称秦王。后克金城（甘肃兰州），迁都金城，再迁苑川。公元412年六月，乞伏国仁子乞伏公府杀乞伏乾归。其在位25年，生年不详。

3. 文昭王乞伏炽磐

乞伏乾归被杀，其子乞伏炽磐追杀乞伏公府。公元412年七月，乞伏炽磐擒斩乞伏公府及其四个儿子，于同年八月嗣位。其后，乞伏炽磐攻休官部落，战吐谷浑汗国，于公元414年七月灭南凉，同年十月称秦王。公元428年五月乞伏炽磐去世，其在位17年，生年不详。

4. 乞伏暮末

乞伏炽磐去世，太子乞伏暮末即位。乞伏暮末残暴苛责，将士民众纷纷逃离。公元431年一月，夏主

从 始皇登极 到 宣统退位
——中国 363 位皇帝更迭速览

赫连定围困西秦最后一城南安（甘肃陇西），乞伏暮末出降，后被杀，西秦亡。乞伏暮末在位4年，生年不详。

二十一、五胡十六国·后凉

（386年—403年）

公元386年十月，前秦凉州刺史吕光自称凉州牧、酒泉公，后改称天王，国号大凉，都姑臧（今甘肃武威），史称后凉。后凉传4主，历18年，统治区域有今甘肃、宁夏、新疆部分地区。公元403年八月，后凉亡于后秦。

1. 懿武帝吕光

公元386年十月，吕光自称凉州牧、酒泉公，后改称天王，国号大凉。吕光出身略阳（甘肃庄浪）氐族世家。公元357年六月应募跟随前秦苻坚攻城略地，因武功被封为武亭侯、骁骑将军。公元382年九月受苻坚命，吕光以太尉统兵攻略西域，先后降服30多个小国。返归途中一路诛灭割据势力，立足凉州。在得知苻坚去世后，于公元386年十月自立，次年称凉王，公元396年六月改称天王。公元399年十二月吕光病重，传位于太子吕绍后去世。吕光在位14年，终年62岁。

2. 隐王吕绍

吕光病重期间，传位于太子吕绍。吕绍继承王位不久，吕光去世。吕光遗体尚未安葬，吕光庶长子吕纂发兵攻打吕绍，吕绍自杀。

3. 灵帝吕纂

吕纂逼杀吕绍自立为王。其后，吕氏兄弟相互攻伐，国本日损；吕纂又以饮酒打猎为主，国势日微。公元401年二月，吕纂被吕光弟吕宝子、番禾（甘肃永昌）郡首吕超杀。吕纂在位3年，生年不详。

4. 建康公吕隆

吕超杀吕纂拥其兄吕隆即位。吕隆治国无着，企图以诛杀名门望族树立权威，政事更乱，人心愈散。后秦抓住战机携南凉、北凉交相攻击后凉，吕隆于公元403年八月投降后秦，后凉亡。吕隆生卒年不详。

二十二、五胡十六国·南凉

（397年—414年）

公元397年一月，时任后凉河西鲜卑大都统的秃发乌孤，自称大都督、大将军、大单于、平西王，后秃发傉檀改称凉王，史称南凉。南凉传3主，历18年，统治区域有今甘肃、青海各部分。公元414年六月，南凉亡于西秦。

1. 武王秃发乌孤

公元397年一月，时任后凉河西鲜卑大都统的秃发乌孤自称西平王，后秃发傉檀改称凉王。秃发即拓跋的异译，为拓跋氏一支，史称河西鲜卑。秃发乌孤自立，即率军攻击后凉金城（甘肃兰州），大败后凉军。公元398年十二月，秃发乌孤改称武威王，徙于乐都。秃发乌孤不拘族群任用贤才，重视农桑，谋划攻占陇右河西，以扩大势力范围。公元399年七月，秃发乌孤醉酒落马身亡，其在位3年，生年不详。

2. 康王秃发利鹿孤

按照秃发乌孤立年长者继任的遗嘱，众臣拥其弟秃发利鹿孤即位，迁都西平（青海西宁），改称河西王。公元401年三月攻击后凉获胜。秃发利鹿孤在部族中提倡儒学，建立学校，注重纳谏。公元402年三月，秃发利鹿孤病逝。其在位3年，生年不详。

3. 景王秃发傉（nù）檀

秃发利鹿孤去世，传位其弟秃发傉檀。秃发傉檀即位改称凉王，将兵不断攻击后凉。公元414年六月，位于青海湖西的乙弗等部叛，秃发傉檀率兵远征，西秦乞伏炽磐趁机派兵绝其归路，率军攻陷南凉都城，秃发傉檀降西秦，南凉亡。一年后，秃发傉檀被鸩杀，其在位13年，终年51岁。

二十三、五胡十六国·北凉

（397年—439年）

公元397年五月，后凉将军、匈奴人沮渠男成、沮渠蒙逊等叛后凉，拥建康（甘肃高台）郡首段业为大都督、龙骧大将军、凉州牧、建康公，两年后段业自称凉王，史称北凉。北凉传3主，历43年，统治区域在今甘肃西部。公元439年八月，北凉亡于北魏。

1. 凉王段业

公元397年五月，后凉将军沮渠蒙逊等拥建康郡首段业自立，两年后段业自称凉王。公元397年初，后凉攻西秦大败，大将吕延被杀于战场，吕光一怒之下，杀部下沮渠罗仇。沮渠罗仇侄沮渠蒙逊联络部众叛后凉，强拥段业称凉王。段业尽信书，迷巫卦，广听言，无主见，自己称王，诸事尽在沮渠蒙逊。沮渠蒙逊假段业之手扫除篡位障碍之后，于公元401年五月诬沮渠男成谋反，段业杀沮渠男成。沮渠蒙逊以段业诛杀忠臣为借口，起兵杀段业。段业在位5年，生年不详。

2. 武宣王沮渠蒙逊

沮渠蒙逊杀段业自立。沮渠蒙逊于公元412年占姑臧，公元421年三月灭西凉，西域各族归附，北凉拥有凉州全境。公元433年四月，沮渠蒙逊病逝，其在位33年，终年66岁。

3. 哀王沮渠牧犍

沮渠蒙逊去世后，大臣拥沮渠蒙逊第三子沮渠牧犍即位。公元439年六月北魏出兵伐北凉，九月二十五日北魏大军围攻北凉都城，沮渠牧犍出城投降，北凉亡，沮渠牧犍被杀。其在位7年，生年不详。

二十四、五胡十六国·南燕

（398年—410年）

公元398年一月，慕容德于滑台（河南滑县）自称燕王，史称南燕。南燕传2主，历13年，统治区域有今山东、河南各部分。公元410年二月，南燕亡于东晋。

1. 武帝慕容德

公元398年一月，慕容德自称燕王，史称南燕。慕容德为后燕帝慕容宝叔父，受封范阳王镇守邺城。公元397年北魏攻占后燕都城中山，慕容宝北奔龙城，后燕被隔为两部。在不明慕容宝生死、又有北魏压境的情况下，慕容德放弃邺城，率部众眷属居民南渡黄河至滑台。次年北魏攻占滑台，慕容德率众再迁广固（山东益都），攻占青州、兖州等地，在广固称帝。时东晋内外交困，无暇北伐；北魏正在西、北二地酣战，无暇东顾。慕容德借机炼铜煮盐，鼓励耕种，加快发展经济；扩充军队，训练人马，拥兵40多万。公元405年九月，慕容德病重，因其无子，急立兄北海王慕容纳之子慕容超为太子。不久慕容德病逝，其在位8年，终年70岁。

2. 慕容超

慕容德去世后，太子慕容超即位。新皇帝治国无新措，然好淫乐，宠奸臣，重赋税，杀功臣，应有尽有。公元409年四月，东晋刘裕统领讨伐大军北上，次年二月破广固生擒慕容超，押送建康斩首，南燕亡。慕容超在位6年，终年26岁。

二十五、五胡十六国·西凉

（400年—421年）

公元400年十一月，北凉敦煌太守、镇西将军李暠叛北凉，自立为冠军大将军、沙州刺史、凉公，史称西凉。西凉传3主，历22年，统治区域有今甘肃西部。公元421年三月亡于北凉。

1. 昭武帝李暠（hǎo）

公元400年十一月，北凉敦煌太守李暠叛北凉自立，史称西凉。李暠为汉将李广后代，世为西州大姓。其自幼尊儒好学，诗文俱佳。为县令期间勤政爱民，受众拥戴。建西凉即攻取玉门以西数座城池，扩大地盘，广招百姓，屯垦戍边，发展经济。他广开言路，延揽名人，形成以敦煌为中心的"五凉文化"中心。公元417年二月，李暠病逝，其在位18年，终年67岁。

2. 李歆

李暠去世，子李歆即位。李歆与北凉你攻我伐，胜败互见。公元420年七月，李歆深陷北凉沮渠蒙逊圈套，兵败被杀。其在位4年，生年不详。

3. 李恂

李歆被杀，众将西撤敦煌，推举李暠第三子李恂即位。北凉沮渠蒙逊重兵围敦煌，次年三月城陷，李恂自尽，西凉亡。李恂在位2年，生年不详。

二十六、五胡十六国·西蜀

（405年—413年）

公元405年二月，变兵杀东晋益州刺史毛璩（qú），强拥参军谯纵为成都王，史称西蜀。西蜀立国9年，统治区域有今成都周边。公元413年三月，西蜀亡于东晋。

1. 蜀王谯纵

公元405年一月，东晋荆州刺史桓振挟安帝司马德宗，以谋割地称雄。二月，安帝司马德宗回朝，桓振攻陷江陵。东晋下诏，让益州刺史毛璩率兵东下长江讨伐桓振。毛璩军中的巴蜀士卒担忧远离故土，中途发动兵变杀毛璩，拥参军谯纵为成都王。谯纵不从，以投江自尽相拒，被救起缚于轿上称王。谯纵自知立国条件勉强，于公元407年向后秦称臣。后秦姚兴封谯纵大都督、相国、蜀王。公元408年七月，东晋封刘敬宣为前锋司令率兵攻西蜀，双方相持60多天，晋军因粮草不济而退兵。公元413年，东晋太尉刘裕以朱龄石为帅，统数万大军三路攻成都。同年七月五日谯纵出逃，途中自缢，西蜀亡。谯纵在位9年，生年不详。

二十七、五胡十六国·夏

（407年—431年）

公元407年六月，后秦安北将军赫连勃勃叛后秦自立，称大夏天王。大夏传3主，历25年，统治区域有今陕西、山西、内蒙古、甘肃、宁夏各部分。公元431年三月，夏亡于吐谷浑。

1. 武烈帝赫连勃勃

公元407年六月，赫连勃勃叛后秦自称大夏天王。赫连勃勃为匈奴后裔，本姓刘。其父刘卫辰几投几叛前秦及代国，在公元391年攻北魏时被杀。儿子刘勃勃几经辗转，后投靠后秦高平公没奕干，没奕干招其为婿。其后刘勃勃得后秦姚兴器重，官封安北将军镇朔方。远离帝都的刘勃勃野心勃发，以探望为名杀死岳父，尽得高平、朔方精锐，即刻举兵攻打恩主姚兴，以"显赫连天"弃刘改姓赫连。公元413年在朔方水北

从 始皇登极 到 宣统退位
——中国 363 位皇帝更迭速览

建统万城，意"统一天下，君临万邦"。蒸土筑城，锥进一寸尽杀施工之人；督令制作兵器，弓箭射甲不入斩弓匠，射入杀制甲人；见人目光不悦刺双眼，看人面带笑容割双唇，残酷暴虐旷世不二。公元417年东晋刘裕占长安灭后秦，不久大兵回晋。赫连勃勃趁机攻占长安，次年十一月在长安称帝。公元425年八月赫连勃勃病逝，其在位19年，终年45岁。

2. 昌秦王赫连昌

赫连勃勃去世，太子赫连昌即位。公元427年六月，北魏大军智陷统万城，夏帝赫连昌奔逃上邽（guī）（甘肃天水），魏军尽掳皇子皇妃牛羊马匹而去。公元428年二月，北魏大军围困上邽，赫连昌欲退守平凉，激战中被生擒，后被杀。赫连昌在位4年，生年不详。

3. 平原王赫连定

赫连昌被擒，赫连勃勃第五子赫连定收拾残兵逃回平凉，自立即位。故地难容，赫连定向西攻击，于南安（甘肃陇西）诛灭西秦，裹挟西秦民众十多万人西行，欲夺北凉之地安身。公元431年六月，正在行进途中的赫连定，被位于甘肃、青海之间的吐谷浑汗国生俘，大夏亡。赫连定在位4年，生年不详。

二十八、五胡十六国·北燕

（407年—436年）

公元407年七月，后燕中卫将军冯跋灭后燕，立夕阳公高云为帝，国号燕，史称北燕。北燕传3主，历30年，统治区域有今辽宁西南部及河北西北部一带。公元436年五月，北燕亡于北魏。

1. 惠懿帝高云

公元407年七月，后燕冯跋立高云为帝。后燕帝慕容熙曾经指控中卫将军冯跋有罪，正在慕容熙准备诛杀冯跋的紧要关头，得知信息的冯跋逃入山林躲藏。慕容熙淫乱暴虐，国人愤恨。冯跋瞅准时机，潜回京都发动政变斩慕容熙，拥立高云。高云祖父高和，属高句丽一支。高云自知无功也无恩于北燕，在一种莫名的恐惧中，豢养一帮武士为亲信，以强化对自己的保护，并对他们滥行赏赐而使得个个贪得无厌。公元

409年十月，两名亲信将高云杀害。其在位3年，生年不详。

2. 文成帝冯跋

高云被杀，冯跋诛杀肇事者，后自立为天王。冯跋即位后，用人得当，励意农桑，勤心政事，省徭薄赋，惩戒贪官，一改后燕慕容熙苛政，朝政有了起色。公元430年八月，冯跋病逝，其在位22年，生年不详。

3. 昭成帝冯宏

冯跋去世当日，其弟冯宏诛杀冯跋所有儿子抢班即位。时北魏强力进攻，公元436年五月，冯宏毁都城携众东迁高句丽，北燕亡。后北魏逼高句丽交出冯宏，不久被杀。冯宏在位7年，生年不详。

南北朝

（420年—589年）

  南北朝为南朝和北朝合称。始于公元420年刘裕取代东晋建立刘宋，终于公元589年隋灭陈。南北朝上承东晋五胡十六国，下启隋唐，为中国历史上大分裂大融合时期。

南朝

（420年—589年）

　　南朝为东晋之后建立于南方的四个朝廷总称。公元420年东晋灭亡，相继更替的是刘裕篡晋建立的宋朝，萧道成代宋建立的齐朝，萧衍替齐建立的梁朝，陈霸先夺梁建立的陈朝。陈于公元589年归于隋。较于攻伐激烈的北朝，南朝局势相对稳定，各朝重视生产，人口大量增加。北朝不断南压促使闽江、珠江流域开发。然而各朝均为大地主政权，土地集中于大地主手中，苛捐杂税繁多，人民加速破产。南朝汉族政权尚能注重保护和传播传统文化，谢灵运山水诗、刘义庆《世说新语》、范晔《后汉书》均为传世之作。

二十九、南朝·宋

（420年—479年）

刘裕于公元420年六月建立。前期社会安定，后期混乱不堪。宋传9帝，历60年，都建康（今南京），公元479年为南齐取代。

1.武帝刘裕

公元420年六月十二日，刘裕逼东晋恭帝司马德文禅位于己而登皇帝位。在此之前，东晋封刘裕为宋王。刘裕出身寒门，小名寄奴，曾卖草鞋为生。之后进入军营，胸怀大志，一路打拼，成为北府军名将刘牢子参军。公元399年孙恩造反，刘裕随军平叛，因军功升任建武将军。公元402年桓玄篡晋，刘裕静观其变。后择机起兵讨桓玄，获胜之后入朝尽揽军政大权。公元409年亲自率兵征灭南燕，威名倾朝。其后扫除荆州刺史刘毅、谯王司马休之，收西蜀，灭后秦，功盖朝野，禅让条件成熟。刘裕称帝后，下诏赦免逃避兵役租税流民罪责，抑制豪强兼并土地，减轻徭役赋税，带头节俭度用，受到百姓欢迎。公元422年五月二十一日，在位3年的刘裕病逝，终年60岁。

2. 少帝刘义符

刘裕去世，17岁太子刘义符即位，遵遗诏徐羡之、傅亮辅政。刘义符为武帝刘裕长子，游乐无度，不理朝政，拒纳忠言，亲近佞臣。大臣以太后令，于公元424年五月二十五日废其为营阳王，后被杀。刘义符在位3年，终年19岁。

3. 文帝刘义隆

公元424年八月九日，众臣拥刘义隆为帝。刘义隆为武帝刘裕第三子，年18岁。时朝有徐羡之、傅亮掌权，外有荆州刺史谢晦掌兵，刘义隆空有帝名。公元426年，刘义隆先后铲除徐羡之、傅亮、谢晦。执掌朝政后，刘义隆躬勤政事，励精图治；清理户籍，整顿吏治；昭雪冤狱，亲临听讼；重视农桑，减轻赋税；立玄、史、文、儒四学，选人教授，培养人才；国家给人足，社会稳定，有元嘉之治美誉。然授将选帅多非其才，不善军事却热衷遥控指挥，四度北伐接连

二十九、南朝·宋

丧师失地。其后，因巫蛊及太子诸多忤逆事发，刘义隆预谋另立太子。太子刘劭闻讯，于公元453年二月二十一日率兵入宫弑其父。刘义隆在位30年，终年47岁。

4. 太子刘劭（shào）

太子刘劭弑父当日，矫父皇诏书即位。刘劭封官任将，立皇后选太子，诛杀所憎所疑大臣及刘氏宗亲，加之忧惧身陷不测，昼夜忙碌不安。同年三月十七日，武陵王刘骏以讨逆总司令挥师京城。同年五月四日，居皇位72天的刘劭被刘骏擒斩。

5. 孝武帝刘骏

刘义隆第三子刘骏斩刘劭，于公元453年四月二十七日即皇帝位。刘骏意外称帝，猜忌多疑，诛杀有才能的宗室亲族及忠厚大臣，贪财好利淫乱，毁寺禁佛逐僧，大臣忧惧，内外不安。公元464年五月二十三日刘骏去世，其在位12年，终年35岁。

6. 前废帝刘子业

公元464年五月二十三日，16岁太子刘子业即皇帝位。年少登极，胆大妄为，尽改父皇制度，宠信身边侍从，虐杀叔父兄弟，广诛前朝大臣，奸淫凶残暴虐，恶行世间难寻。湘东王刘彧暗中授意，公元465年十一月十九日，刘子业被身边侍从刺杀。其在位2年，终年17岁。

7. 明帝刘彧（yù）

公元465年十二月七日，湘东王刘彧即位称帝。刘彧初即位，四方不从，孝武帝刘骏三个儿子联合起兵反叛，刘彧调兵遣将，东征南讨，始得平息，刘骏12个儿子全部被杀。从此，刘彧杀戮宗室、残害忠臣一发而不可收。至晚年多忌讳，好鬼神，喜攻伐，国库益空，国势日衰。公元472年四月十七日刘彧病逝，其在位8年，终年34岁。

8. 后废帝刘昱

刘彧去世，10岁太子刘昱于公元472年四月十八日即位，尚书令袁粲、护军将军褚渊辅政。公元474年五月十二日，反叛的桂阳王刘休范兵临建康城下，右卫将军萧道成等奋力还击。五月二十七日击败叛军，萧道成以中领军始入朝廷。刘昱自幼性乖戾，好嬉戏。初即位，母后朝臣尚可节制。及加冠礼后，刘昱变态加剧，无人能禁。刘昱伙同亲信昼夜呼啸出宫，行止

二十九、南朝·宋

怪诞无常，亲手杀人才能过瘾，使京城商旅闭户，大街行人绝迹，朝臣人人自危。萧道成暗中结交刘昱身边侍从，借其手于公元477年七月七日将刘昱杀死。其在位6年，终年15岁。

9. 顺帝刘准

公元477年七月十一日，萧道成假太后诏，立安成王刘准为帝。刘准为明帝刘彧第三子，时年9岁。其后，刘准加封萧道成至"假黄钺""剑履上殿""入朝不趋""赞拜不名""齐王""加九锡"等至尊官爵，为萧道成铺好路后，于公元479年四月二十一日禅位于萧道成，南朝刘宋亡，后刘准被杀。刘准在位3年，终年11岁。

三十、南朝·齐

（479年—502年）

萧道成于公元479年四月建立。立国之初崇尚节俭，关心百姓。及后祸起萧墙，昏庸腐败。齐传7帝，历24年，都建康，公元502年为南梁取代。

1. 高帝萧道成

公元479年四月二十三日，被宋顺帝封为齐王的萧道成，在顺帝禅位后登极称帝，国号齐。萧道成为汉初相国萧何24代孙，少时师从名儒学习《礼》《左传》。14岁随父萧承之南北征战，作战勇猛，指挥得当，谋略过人。公元466年，晋王刘子勋起兵讨明帝刘彧，宋朝文帝与孝武帝两系诸王混战，诸多州郡倒向刘子勋。萧道成审时度势，竭尽全力保护刘彧，成为刘彧朝中功臣。刘彧末年为保幼子皇位，下狠手清理宗亲重臣，连杀四位胞弟，许多权臣为此丧命，手握

三十、南朝·齐

重兵的萧道成也在诛杀之列。萧道成以其智谋多次化险为夷，最后被委以辅政大任。后废帝刘昱即位，其叔父刘休范谋反。叛兵逼临京城，朝臣一筹莫展，萧道成一马当先，受领平南将军，成功剿灭叛军，随之进入朝政中心。刘昱穷凶极恶，起心动念无非杀人，威名远扬的萧道成为他要杀人的重点。为免杀身之祸，萧道成暗中支持并授意刘昱身边侍从杀死暴君。萧道成威逼大臣依己所愿拥立新君。兹后，萧道成为夺权将资历更老、忠实刘宋的重臣一一铲除。夺位之后，萧道成力改刘宋暴政，宽厚待人，带头节俭，鼓励群臣议政，重视加强防务，下诏减免赋税债务，社会比较安定，百姓生活有所好转。公元482年三月八日萧道成病逝，其在位4年，终年56岁。

2. 武帝萧赜 (zé)

高帝萧道成去世当日，43岁太子萧赜即皇帝位。萧赜为萧道成长子，刘宋时其父挂帅多次平叛，萧赜一直承担攻坚重任，英勇善战，足智多谋，屡屡获胜。即位后，遵父遗嘱善待宗室，恢复禄田俸秩，鼓励农业生产，减免赋税兵役，赈济灾民孤寡，修建文祠孔庙，重视学校教育，主动与北魏修好，保持边疆安定，民众生活改善。然萧赜心胸不阔，难容父朝重臣，犹以用人不辨忠奸，致使奸佞把持朝政。公元493年七月三十日萧赜病逝，其在位12年，终年54岁。

3. 郁林王萧昭业

武帝萧赜去世，20岁皇太孙萧昭业即皇帝位。公元493年四月，武帝萧赜太子萧长懋去世，萧昭业被封为皇太孙。萧昭业聪明伶俐，一表人才，但险恶内心使他极会伪装。在萧赜病床前，萧昭业涕泪滂沱、悲不自胜，归家则连写几十个喜字，还请女巫诅咒祖父速死。如此之人君临天下，忠臣贤相难以立足，奸佞小人如蝇趋腐。公元494年七月二十日，辅政大臣萧鸾以太后诏诛杀萧昭业，追贬其为郁林王。萧昭业在位2年，终年21岁。

4. 恭王萧昭文

萧昭业被杀，萧鸾立萧昭业15岁弟萧昭文即皇帝位。萧鸾为了夺位，开始培植亲信，诛杀皇族亲王。公元494年十月十日，萧鸾又以太后诏废萧昭文为海陵王，次月被杀。萧昭文在位80天，终年15岁。

5. 明帝萧鸾

公元494年十月二十二日，萧鸾登极。萧鸾为一任

三十、南朝·齐

帝萧道成弟萧道生之子。及至恭王萧昭文，萧鸾为旁支祖辈。因自己离皇统已经很远，而且亲族孤弱，萧鸾为此食不甘味，忧惧不已。于是，他高举屠刀，将一任帝萧道成、二任帝萧赜，以及萧赜父萧长懋所有儿子屠杀罄尽。公元498年七月三十日萧鸾病逝，其在位5年，终年47岁。

6. 东昏侯萧宝卷

萧鸾病逝，16岁太子萧宝卷登极。萧宝卷虽然为帝，心思却不在朝政，而日夜痴迷杂技表演。大臣忠言只字不听，小宦官每句话都是圣旨。萧宝卷每月出巡多达20余次，每次必须清空京城大街小巷，不能有一个人出现。6位辅政大臣他手刃4位，所剩两位正在计划诛杀之中。一时朝廷危急，盗匪盛行，民不聊生。公元500年十月，萧宝卷听信谗言毒杀刚在平叛中立下大功的萧懿，萧懿弟萧衍起兵围城。公元501年十二月六日，身边宦官杀死萧宝卷，征虏将军王国珍迎接萧衍入城。萧衍以太后诏追降萧宝卷为东昏侯。萧宝卷在位4年，终年19岁。

7. 和帝萧宝融

公元501年三月十一日，萧宝卷还在建康执政，萧衍等以太后诏，拥南康王萧宝融在荆州即皇帝位。萧宝融为明帝萧鸾第八子、东昏侯萧宝卷弟。次年四月八日，萧宝融以禅让呈皇权于梁王萧衍，齐亡。次年萧宝融被杀。萧宝融在位2年，终年15岁。

三十一、南朝·梁

（502年—557年）

萧衍于公元502年四月建立。立国初留心政务，广听建言；废除苛刑，崇尚节俭。后日渐骄奢，用人失察，招致侯景之乱。梁传5帝，历56年，都建康，公元557年十月灭于陈。

1.武帝萧衍

公元502年四月八日，南齐39岁梁王萧衍以齐和帝萧宝融禅让登极称帝，国号梁。萧衍父萧顺之为齐高帝萧道成族弟。皇族世家使萧衍在官场一路顺畅。而天资聪颖，喜好读书，善写文章，崇佛向道，阴阳、卜筮、骑射、声律无所不精，使其从小广受器重。齐武帝萧赜去世，专擅朝政的萧鸾图谋皇位，萧衍成为萧鸾重点咨询对象。萧鸾成功篡位，萧衍在朝中地位无人可比。其间与北魏数次大战，萧衍一马当先·勇谋过人，在军中树立很高威信。萧鸾之后，萧宝卷残忍无道，以追杀大臣过瘾。萧宝卷派人行刺萧衍，萧衍遂萌发取代念头。公元500年十月，萧宝卷毒杀有功于朝的萧衍兄萧懿，萧衍起兵围攻建康城。萧宝卷被身边宦官杀死，萧衍拥立傀儡皇帝萧宝融完成禅让使命。即位以后，萧衍勤于政务无帝可比：数九寒天仍五更前处理朝政，手指冻裂也不停歇；寝宫只置一床，一顶帽子三年不换；长期素食，时常以粥充饥；设置五经博士，广开馆舍招生；朝廷门前设置木函石函，广征天下建议，收集民间冤情；为招寒士改官制，为增民富减赋役。然宽仁从政使皇亲官吏贪腐无忌，用人失察使北伐战争失地损兵；接纳侯景姑息养奸，众子拥兵遗患无穷。萧衍勤勉尽心治国48年，结果兵疲民困，经济萧条，官吏腐败，皇族离心，北魏略地，危机重重。公元548年八月侯景反梁，萧衍派最信任的侄子萧正德挂帅御敌。萧正德竟派出船只，把苦于无船渡江的侯景接进京城。侯景软禁萧衍，前来讨敌的萧衍诸子，各自拥重兵半道观望，直到公元549年五月二日，萧衍饿死于京都。萧衍在位48年，终年86岁。

2. 简文帝萧纲

武帝萧衍去世，太子萧纲于公元549年五月二十七

三十一、南朝·梁

日登极称帝。萧纲为萧衍第三子。武帝曾立长子萧统为太子。萧统聪颖好学，由其编纂的《昭明文选》传世至今，评价很高。不料萧统于公元531年病逝，萧纲被立为太子。萧纲虽在帝位，朝中军政诸事尽出侯景。公元551年八月十七日，侯景废萧纲为晋安王，同年十月被杀。萧纲在位3年，终年49岁。

3. 萧栋

简文帝萧纲被杀，侯景假萧纲诏，于公元551年八月二十一日立萧栋为帝。萧栋为萧欢子，其祖父即昭明太子。同年十一月十九日，侯景逼萧栋让位于己，并将萧栋与其弟因于密室之中。元帝萧绎收复建业后，萧栋与其弟逃出密室，被萧绎派人沉入水中杀害。萧栋在位四个月，生年不详。

4. 元帝萧绎

公元552年十一月十二日，萧衍第七子萧绎在江陵登极称帝。此前，在侯景之乱中，萧绎也曾率大军救援其父，兵至半道观望不进，在亲见父皇困死眼前后，开始以重兵悍将争夺帝位。之后，萧绎听信谗言斩杀兄弟，引爆宗室内讧。在弟兄大战中，萧绎依附西魏攻灭萧伦、萧纪，派大将王僧辨剿灭侯景。公元

554年九月，西魏再派大军入侵，萧绎无有能力组织抵抗，却把14万卷珍贵典籍付之一炬。萧绎在集杀亲、失地、辱国、毁文化于一身后，于公元554年十二月十二日投降西魏，后被杀。萧绎在位3年，终年47岁。

4. 敬帝萧方智

公元555年二月二日，13岁晋安王萧方智登极，朝政由太尉王僧辨、骠骑大将军陈霸先主持。萧方智为元帝萧绎第九子。两月以后，北齐为左右南梁朝政，威逼王僧辨迎接武帝萧衍侄萧渊明登极称帝，改封萧方智为太子。此举激怒陈霸先，陈起兵诛王僧辨，废萧渊明，仍拥萧方智为皇帝。公元557年十月三日，萧方智禅让帝位于陈霸先，梁亡。后萧方智被杀，其在位3年，终年16岁。

三十二、南朝·陈

（557年—589年）

陈霸先于公元557年十月建立。时北强南弱已成定局，夹缝中的陈霸先大改奢侈之风，朝政稍有好转。至北周灭北齐南攻，陈尽失江北之地。其后，后主沉于酒色，国事日微。陈传5帝，历33年，都建康，公元589年灭于隋。

1. 武帝陈霸先

梁敬帝萧方智禅位于其所封陈王陈霸先，陈霸先于公元557年十月十日在建康登极称帝，国号陈。陈霸先出身寒门，喜读书，勤习武，善思谋，使其在乱世中脱颖而出。公元554年叛军围困广州，广州刺史萧映急召陈霸先平叛。仅带3000兵马的陈霸先杀败叛军，声振全国，武帝萧衍亲派画师前往广州为其画像。其后，在祸患深重的侯景之乱中，陈霸先率军奋战，于

从 始皇登极 到 宣统退位
——中国 363 位皇帝更迭速览

公元552年三月摧毁侯景势力而入朝揽政。此时梁朝政权岌岌可危，各地反叛此起彼伏，陈霸先奔赴各地平定叛乱，打退北齐两次大规模进犯，成为揽军政大权于一身的重臣。即位称帝后，陈霸先任贤使能，宽政亲民，迁广东兵民于江南，补充人口，恢复生产，在乱世中保护一方百姓，坚守一方繁荣。公元559年六月二十一日，陈霸先病逝。其在位3年，终年57岁。

2. 文帝陈蒨（qiàn）

公元559年六月二十九日，38岁陈蒨登极称帝。陈蒨为陈霸先兄陈道谭长子，被封为临川王。陈霸先患病后很快去世，时其子陈昌正在北周为人质，大将侯安都等大臣拥陈蒨即位。陈蒨于穷苦环境中长大，体认民间疾苦，为人有度量，遵礼法。他一直随陈霸先南征北战，并先后任吴兴、会稽太守，受众拥戴。陈蒨在位8年，勤于政事，辨识忠奸，守疆开土，平定南梁王琳叛乱，驱逐北周入侵之敌，消灭南川、闽中割据势力，安定陈朝局势，为战乱年代值得肯定之君。公元566年四月二十七日陈蒨病逝，终年45岁。

3. 废帝陈伯宗

陈蒨去世，13岁太子陈伯宗即皇帝位，其叔父陈

三十二、南朝·陈

项总揽朝政。公元568年十一月二十三日，陈项以太皇太后诏废陈伯宗为临海王，后将其杀害。陈伯宗在位3年，终年17岁。

4. 宣帝陈项

公元569年一月四日，陈项以太皇太后诏废黜陈伯宗自立为皇帝。年近40岁的陈项抑制悍将，整肃军备，率军北伐，收复失地，略有建树。公元582年一月十日陈项病逝，其在位15年，终年53岁。

5. 后主陈叔宝

公元582年一月十四日，30岁太子陈叔宝登极称帝。就在三天前，陈叔宝弟陈叔陵发动政变，陈叔宝险遭不测。挫败政变即位的陈叔宝，却不理朝政，生活糜烂，日复一日与嫔妃狎客通宵达旦制作艳词唱《后庭花》，致使朝政败坏，百姓流离。公元589年一月二十日，攻入皇城的隋大军，从深井中拽出和宠妃张丽华、孔贵嫔捆绑一起的陈叔宝，将其俘虏，陈亡。陈叔宝在位8年，于公元604年十一月病逝于洛阳，终年52岁。

北朝

（386年—581年）

　　北朝为中国历史上大致和南朝同时代的北方五个朝廷的总称。早在五胡十六国时期，鲜卑人拓跋珪于公元386年建立了北魏，148年后的公元534年，元善见建立了东魏，公元535年元宝炬建立西魏，公元550年高洋建立北齐，公元557年宇文觉建立北周，公元581年北周归于隋。北朝结束了自西晋八王之乱以来五胡乱华的混乱局面。刚进入奴隶社会的拓跋氏入主中原，统一北方，以重用汉人加速其封建化进程，促进文化融合，客观上益于社会和人民。叙事诗《木兰辞》为文学代表作，佛教石窟造像艺术空前，政府管理也有许多可取之处，后世隋唐多沿用北朝旧制。

三十三、北朝・北魏

（386年—534年）

拓跋珪于公元386年正月建立。北魏立国即破刘显、刘卫辰两个匈奴部落，征服后燕、夏国，击溃柔然，攻灭北燕、北凉，统一北方。孝文帝改革加速北魏封建化、汉化进程，促进政治经济文化发展。建国至公元534年，分裂为东、西魏。北魏传15帝，历149年。初都平城（今山西大同），公元493年孝文帝迁都洛阳，改姓元。

1. 道武帝拓跋珪

公元386年正月，前代王拓跋什翼犍嫡孙、年仅16岁的拓跋珪复代国登王位，同年四月改代为魏，史称北魏。拓跋珪少年老成，见识过人，深得众心。拓跋珪建魏即立屯田，扫强敌，平内乱，占晋阳，取并州，立台省，置刺史，设太守，广用汉臣，尽灭周边

从 **始皇登极** 到 **宣统退位**
——中国 363 位皇帝更迭速览

强大对手而拥有黄河之北。后置五经博士，增太学广收生员；又命郡县上书籍，派要员察各地，治豪强惩贪吏，严令鲜卑旧部分土定居，改游牧为农耕，建立专业军队，重视奖励军功，加速奴隶制向封建制转化，使北魏成为当时中国北方最为强大的政权。晚年，拓跋珪喜求长生，多疑好杀，公元409年十月十三日，宠妃伙同次子拓跋绍将其刺死。拓跋珪在位24年，终年39岁。

2. 明元帝拓跋嗣

公元409年十月十七日，道武帝拓跋珪长子拓跋嗣，诛杀弑父二弟拓跋绍即皇帝位，是为明元帝。拓跋嗣劝课农桑，调减民租，打击豪强，惩治恶吏，重用汉人，研习汉典，置左右弼，整肃吏治，封立太子，选擢辅臣，追剿反叛，北攻柔然，经略西域，南取滑台、金墉、虎牢诸地，巩固壮大了北魏实力。公元423年十一月六日拓跋嗣病逝，其在位15年，终年32岁。

3. 太武帝拓跋焘

公元423年十一月九日，16岁太子拓跋焘登极，是为太武帝。初即位，柔然六万大军来袭，他率军击退敌兵。此后多次御驾亲征，迫使柔然远遁不敢犯境。

三十三、北朝·北魏

后率军灭北燕，尽取辽河流域。拓跋焘经过十余年的征战，结束中国北方自西晋末年以来长达130年的大分裂状态，成为"饮马长江"的首个少数民族帝王。之后拓跋焘更加重视选用汉族士大夫，重视鲜卑官员的汉化教育。他在京城办太学，祭孔子，诏令王、公、卿、大夫之子均入太学，百工商贾之子各习父兄之业；他减轻赋税，悉除田禁，任民耕垦，田产大增。然晚年喜乐无常，酗酒成性，害死太子，滥杀大臣，毁经灭佛，坑杀僧人。公元452年二月五日，拓跋焘被身边小宦官宗爱所杀，其在位30年，终年45岁。

4. 隐王拓跋余

宗爱杀太武帝拓跋焘，矫皇后诏诛杀大臣，拥太武帝少子拓跋余即位。半年之后的十月一日，以新帝对己不利再杀拓跋余。拓跋余生年不详。

5. 文成帝拓跋濬（jùn）

公元452年十月三日，殿中尚书源贺等拥立拓跋焘嫡孙、13岁拓跋濬即皇帝位。拓跋濬善于纳谏，信任忠臣；休养民生，解救奴婢；复兴佛法，从严禁酒；置内外侯官，检百官得失，整肃吏治；大破伊吾，攻吐谷浑，使国力有所增强。公元465年五月十一日，拓跋濬逝世，其在位14年，终年26岁。

6. 献文帝拓跋弘

公元465年五月十二日，12岁太子拓跋弘登极称帝。即位初，车骑大将军乙浑专权，冯太后临朝称制，两年后拓跋弘亲政。拓跋弘立乡学，郡置博士、助教、生员；勤理国事，大黜贪污，赏罚严明；攻取宋青、兖、冀、徐等州，开疆拓土；定贫富三等输租之法，取消杂税，赈济灾民；喜黄老，崇佛道，重修行。公元471年八月二十日，拓跋弘传位于五岁太子拓跋宏。居太上皇5年后，于公元476年二月被冯太后所害。拓跋弘在位7年，终年23岁。

7. 孝文帝元宏

公元471年八月二十日，18岁的献文帝传位，5岁太子拓跋宏因此登上皇帝宝座，冯太后临朝听政。拓跋宏自幼聪明大度，临朝的冯太后注重对他的培养教育。拓跋宏好读书，才思俱佳，具有较高的汉文化修养。亲政前后从善如流，遇人宽恕，遇事缜密，颁施官吏俸禄制，一改北魏建国以来官吏靠掠抢贪污为禄的旧弊，并以此严惩贪腐，北魏政治始呈清明气象；颁行均田令、三长制，男女奴婢均可获田，经济得以

三十三、北朝·北魏

快速发展，农牧民得到有效管理；下令迁都洛阳，自己改汉姓为元，颁行禁胡服、着汉衣、说汉语、与汉通婚、用汉族官制律令和尊汉礼、敬孔子、行孝道等八大措施，推动北魏迅速由奴隶社会进入封建社会。公元499年四月一日，孝文帝元宏在南下攻齐途中病逝，其在位29年，终年33岁。

8. 宣武帝元恪

公元499年四月十二日，17岁太子元恪登极。元恪禁私盐，利归官府；爱好经史，兴修国学。然而他重用佞臣，喜好争战，致使官无依托，民陷困弊，北魏因他转衰。公元515年正月十三日元恪病逝，其在位17年，终年33岁。

9. 孝明帝元诩（xǔ）

公元515年正月十三日，6岁太子元诩登极称帝。初即位，于忠、崔光辅政，后其母胡太后临朝而胡作非为，加之各种社会矛盾集中爆发，元诩亦无所作为，使政府功能瓦解，叛乱四起，举国无有宁日。在毫无正义感的权力争斗中，元诩、胡太后还为他们亲自引进、培植了尔朱荣和高欢两个掘墓人。公元528年二月二十五日，元诩被其母胡太后鸩杀。元诩在位14

年，终年19岁。

10. 元钊

公元528年二月十七日，胡太后下诏，临洮王元宝晖3岁儿子、孝文帝元宏孙元钊即位登极。四月十三日，在六镇大叛乱中崛起的匈奴人尔朱荣率兵进京，在史称惨绝人寰的"河阴之变"中，将胡太后和元钊投入黄河，并将丞相和两千多朝臣全部杀死。元钊在位两个月，终年3岁。

11. 孝庄帝元子攸

公元528年四月十一日，尔朱荣拥彭城王元勰子元子攸登极，是为孝庄帝。元子攸艰难运作，先后灭叛乱称帝的葛荣、元颢、萧宝夤、万俟丑奴，诛尔朱荣。后尔朱荣侄尔朱兆袭洛阳，孝庄帝被掳至晋阳，公元530年十二月二十三日，尔朱兆将元子攸绞杀，其在位3年，终年24岁。

12. 长广王元晔

公元530年九月，孝庄帝元子攸诛杀尔朱荣，尔朱荣侄尔朱兆杀元子攸，于同年十月三十日拥长广王元晔为帝。元晔为太武帝拓跋焘玄孙，其父为扶风王

三十三、北朝·北魏

元怡。次年二月，尔朱荣堂弟尔朱世隆逼废元晔。公元532年十一月十四日，元晔被高洋所立孝武帝元修杀害，其在位2年，生年不详。

13. 节闵帝元恭

公元531年二月二十九日，尔朱世隆逼废元晔，拥孝文帝侄孙广陵王元恭为皇帝。公元532年四月二十九日，元恭被高洋拥立的孝武帝元修毒杀，其在位2年，终年35岁。

14. 安定王元朗

公元531年十月六日，高欢拥章武王元融子元朗为帝。公元532年四月，高欢废元朗为安定郡王。同年十一月十四日，元朗被高洋所立孝武帝元修杀害，其在位2年，终年20岁。

15. 孝武帝元修

公元532年四月二十五日，高欢拥孝文帝孙平阳王元修为皇帝。元修为孝文帝元宏之孙、武穆王元怀第三子。其后，元修与近臣密谋诛高欢，不成，乃于公元534年七月奔关中依宇文泰，同年闰十二月十五日，宇文泰鸩杀元修，北魏亡。元修在位3年，终年25岁。

三十四、北朝·东魏

(534年—550年)

公元534年十月，高欢立元善见为帝，都邺（今河北临漳县境内）。傀儡政权，1帝17年，公元550年亡于北齐。

孝静帝元善见

公元534年十月十七日，原北魏重臣高欢立北魏孝文帝曾孙、11岁元善见为帝，迁都邺城，史称东魏。元善见自幼聪明，文武双全，但高欢势力熏天，朝野诸事尽归其擅。高欢死后，朝中大权又归其子高澄。公元549年八月，正谋篡位的高澄被厨师刺杀，元善见未及出手，高澄弟高洋收揽大权，并于公元550年五月八日逼孝静帝元善见退位，东魏亡。次年十二月，元善见被高洋毒杀，其在位17年，终年28岁。

三十五、北朝·西魏

（535年—557年）

公元534年七月，北魏孝武帝元修逃奔关中依宇文泰，后被宇文泰杀。宇文泰另立元修孙元宝炬为帝而建立西魏。西魏同样为傀儡政权，传3帝，历23年，都长安，公元557年亡于北周。

1. 文帝元宝炬

公元535年正月初一，原北魏大臣宇文泰立北魏孝文帝元修孙、29岁元宝炬为帝，都长安，史称西魏。元宝炬曾发愤读书，登帝位时年近而立，在北有柔然、东有东魏、南有梁朝的夹缝中，尽力配合宇文泰和亲柔然，东击东魏，推行府兵制，扩张领土，增强国力，略有功绩。公元551年三月六日元宝炬病逝，其在位17年，终年45岁。

2. 废帝元钦

公元551年三月六日，13岁太子元钦即皇帝位，宇文泰统领朝野大权。公元554年三月，元钦谋诛宇文泰，事发被废。当年五月二十五日被宇文泰毒杀，其在位4年，终年16岁。

3. 恭帝元廓

公元554年三月，宇文泰废元钦，立元钦叔父、18岁元廓为帝。宇文泰逼元廓废除年号，逼皇族放弃汉姓而改回"拓跋"。公元556年十二月三十日，宇文泰侄宇文护逼元廓让位于宇文泰三子宇文觉，西魏亡。公元557年二月二十五日，元廓被杀，其在位4年，终年21岁。

三十六、北朝·北齐

（550年—577年）

公元550年五月，高洋代东魏称帝，建立北齐。初建国以法驭下，人得尽力，农业、盐业、铁业得到发展。后高演夺位，文治武功兼备，然在位两年去世。之后继任者荒淫无度。北齐传6帝，历28年，都邺，公元577年灭于北周。

1. 文帝高洋

公元550年五月十日，东魏齐王高洋逼退孝静帝元善见而自立为帝，国号齐，史称北齐。登皇位之初，高洋修政为民，整顿吏治，加强兵防，削减官吏，严惩贪官，减轻民赋，鼓励发展农桑盐铁，国家日有起色。然执政六七年后，滥杀无辜，肢解庞妃，裸奔于市，荒淫暴虐令人发指。公元559年十月十日高洋病逝，其在位10年，终年31岁。

从 **始皇登极** 到 **宣统退位**
——中国 363 位皇帝更迭速览

2. 废帝高殷

公元559年十月十九日，15岁太子高殷即皇帝位。高殷聪慧夙成，宽厚仁智，意欲有所作为。他与尚书令杨愔等辅佐大臣谋划整顿吏治，着手黜免无才无德、靠贿赂上台的官吏，并准备将握有大权的叔父常山王高演和长广王高湛委任为刺史，以强化皇权，削弱亲王势力。消息外露，控制北齐军政大权的二王，与太皇太后娄昭君合谋逼废高殷。公元561年九月高殷被杀，其在位2年，终年17岁。

3. 孝昭帝高演

公元560年八月三日，高欢第六子高演联合母亲娄太后、弟弟高湛发动政变，废高殷自立为帝。高演分遣大使巡省四方，考究得失，严惩贪官，释放奴婢，屯田储粮，广招学子，讲习经典，礼贤下士，提倡孝道，朝政有所改观。公元561年十月，高演坠马受伤，立遗诏传位于弟弟高湛，于当年十一月二日去世，其在位14个月，终年27岁。

4. 武成帝高湛

公元561年十一月十一日，高欢第九子高湛以兄高

三十六、北朝·北齐

演诏继承皇帝位。高湛为保皇位，大杀宗室，而且比其兄高洋更为荒淫暴虐。他滥杀无辜，沉湎酒色，重用奸佞，残害忠良，无恶不作。公元565年四月二十四日，高湛传位于9岁太子，自称太上皇。公元568年十二月十日高湛病逝，其在位5年，终年32岁。

5. 后主高纬

公元565年四月二十四日，9岁太子高纬继承皇帝位。四年后太上皇高湛病逝，无所顾忌的高纬伙同佞臣为所欲为。他重用弄臣家奴，赏赐伪滥无度，随意增加赋税，致使朝野混乱。公元577年正月初一，在北周大军围困中，高纬将皇位传于8岁太子高恒，随即逃离首都，被北周大军俘获，于当年十月鸩杀。其在位12年，终年21岁。

6. 幼主高恒

公元577年正月初一，高恒以太子继承皇帝位。当月，高恒在随太上皇出逃途中被俘，北齐亡。同年十月被赐死，其在位一个月，终年8岁。

三十七、北朝·北周

（557年—581年）

公元557年正月，宇文护逼西魏恭帝元廓让位，拥宇文泰子宇文觉建立北周。北周早期推崇德治，重视儒学，唯才是举，惩治腐败，改革兵制，发展经济，伐平北齐，一统中原，很有作为。其后年幼静帝即位，大丞相杨坚于公元581年代周建隋，北周亡。北周传5帝，历25年，都长安。

1. 孝闵帝宇文觉

公元557年正月初一，西魏大将军宇文觉以恭帝禅让即位称天王，国号周，史称北周。宇文觉虽然登皇帝位，但朝野大权都在宇文护手中。宇文觉不满宇文护专横而欲诛宇文护，事泄被逼于公元557年八月退位，次月被杀，其在位八个月，终年16岁。

三十七、北朝·北周

2. 明帝宇文毓

公元557年九月二十八日，宇文护拥宇文泰庶长子、24岁宇文毓登天王位。宇文毓聪慧善断，不甘傀儡，注重接触老臣元勋。两年后，忌惮中的宇文护试探归政，宇文毓趁机收回权力。他整肃吏治，提倡节俭，勤修内政，痛击来犯之敌；校刊经史，编印文集，显露帝王之才。这一切使宇文护如坐针毡，遂指使亲信下毒。中毒之后的宇文毓口授遗诏，传位于其弟宇文邕后，于公元560年四月二十日去世，其在位4年，终年27岁。

3. 武帝宇文邕

公元560年四月二十一日，18岁的宇文邕以明帝宇文毓遗诏即位。时朝政大权仍集于宇文护手中。宇文邕有能力有胆识，初即位就以勤修内政、增强国力、统一北方为目标，但宇文护掣肘，数次北伐收效不大。公元572年，宇文邕铲除宇文护，亲政后重视兴修水利，发展生产，释放奴婢，减免赋税，戒奢持俭，扩充军备，于公元577年统一北方。公元578年突厥犯境，宇文邕亲征途中患病，同年六月一日病逝。其在位19年，终年36岁。

从 **始皇登极** 到 **宣统退位**
——中国 363 位皇帝更迭速览

4. 宣帝宇文赟（yūn）

公元578年六月二日，20岁太子宇文赟继承帝位。宇文赟登位以后，邪恶本性随即喷发。他奢侈骄横，恣肆淫欲，猜忌近臣，诛杀皇族，无恶不作。次年二月二十日，在位仅八个月的宇文赟，将皇位传于7岁太子宇文阐，自己封自己为天元皇帝而恣意妄为。公元580年五月十一日，宇文赟病逝，终年22岁。

5. 静帝宇文阐

公元579年二月二十日，7岁太子宇文阐因其父禅让继承皇帝位。次年宇文赟病逝时，嘱其岳父、大司马杨坚等辅政。公元581年二月十四日，宇文阐禅位于杨坚，北周亡。三月后宇文阐被杀，其在位3年，终年9岁。

三十八、隋

（581年—618年）

公元581年二月，北周隋王杨坚废静帝宇文阐自立为皇帝，国号隋。隋立国即收西梁，灭南朝陈，结束自魏晋南北朝以来360多年的分裂局面，重新建立起统一的多民族国家。隋总结历朝兴亡教训，注重维护农民利益，调和统治集团内部矛盾，社会经济文化得以发展。尤其创立有利于巩固中央集权的三省六部制，便于运转又减少官员数量的地方郡县两级制，便于选拔人才的科举制，议事监察考绩制，均田制，租庸调制，进一步改革后的府兵制，南粮北储制，以及废除部分酷刑准许冤者上诉的《开皇律》，还有贯通南北的大运河，修建的长城、驰道，兴建的大兴城和东都洛阳，都为后世留下可资借鉴或永久发挥作用的宝贵财富。后炀帝推行暴政激化社会矛盾，各地反叛起义蜂起。乱中崛起的李渊于公元618年五月取代隋。隋传

3帝，历38年，都大兴（今陕西西安）。

1. 文帝杨坚

公元581年二月十四日，41岁北周隋国公、大司马杨坚，接受北周静帝宇文阐禅位而登极建立隋朝，定都长安。杨坚倚父功勋，14岁开始做官，20岁已经官至随州刺史。其后在北周统一北方的战争中，杨坚屡建大功。在北周后期几近无序的政治环境中，杨坚为稳固地位，嫁女太子，结交重臣，得以辅政，使代周建隋水到渠成。登上皇帝位后，杨坚知人善任，完成平叛、卫国、统一大业，结束西晋以来的分裂战乱局面，建立统一多民族中央集权国家。杨坚在中央确立三省六部制，地方废郡县而行州县，开科举选官吏，定皇律废车裂等酷刑，实行均田，减免赋役，兴修水利，鼓励农桑，财政收入不断增加，国家呈现繁荣景象。然晚年猜忌加深，迷信加重，疏远忠臣，日近小人，尤以废立太子留下祸患。公元604年七月十三日杨坚病逝，其在位24年，终年64岁。

2. 炀帝杨广

公元604年七月二十一日，36岁太子杨广继承皇帝位。杨广自幼聪明，擅长诗词文章，战功长于诸位

三十八、隋

兄弟，尤以善于伪装骗取太子登上皇位而久遭诟疑。然即位初，免除妇人奴婢课役，制定新法废除十恶条款，兴建学校，整理典籍，开科取士，开凿运河，兴建东都，后世获益。其后，杨坚荒淫无道令人发指，骄奢好战国力难继，终于官逼民反，烽烟四起。公元618年三月十一日，杨广死于变兵之手。其在位15年，终年50岁。

3. 恭帝杨侑（yòu）

公元617年十一月十五日，攻入长安的李渊立杨广13岁孙杨侑为帝。杨侑依李渊之需，步步加封李渊至尊官职爵位后，将皇帝宝座让于李渊，隋亡。次年杨侑被杀，其在位五个月，终年15岁。

三十九、唐

（618年—907年）

公元618年五月，隋大丞相、唐王李渊建立。唐立国不满足割据一方，李渊父子君臣披甲上阵，平定自称西秦霸王的薛举和河西大凉王的李轨，剿灭借突厥势力霸占一方的刘武周，扫平在洛阳称帝的王世充，打败割据河北的窦建德和割据江陵的萧铣，一鼓作气扫平全国各地大大小小割据势力，实现全国统一。李渊从土地制度、货币流通、法律修订、官制、科举、兵制等方面拨乱反正，社会秩序得以恢复。其后，宣武门之变，贞观之治，武后执政，改唐为周，宫廷事变，盛世开元，安史之乱，两京陷落，胜利平叛，藩镇林立，宦官专权，元和中兴，朋党争权，南衙北司，黄巢起义，社会大乱，朱温篡唐等重大事件伴随着大唐走向终点。在盛唐时期，经济繁荣，人口兴旺，工业发展，商业兴盛，国际都市世界瞩目，国际

三十九、唐

交往四通八达，世界影响流传百世；李白、杜甫、白居易、王维等为代表的大唐诗歌高原上高峰林立。惜于唐朝后期朝政腐败，宦官弄权，官逼民反，盛世大唐淹没在叛乱起义浪潮之中。唐共传22帝，历289年，都长安。其间武则天于公元690年代唐称帝改国号周，公元705年中宗复国号唐。公元907年三月被朱全忠篡。

1. 高祖李渊

公元618年五月二十日，原隋朝唐王李渊，以隋恭帝杨侑禅让而登基称帝，国号唐，定都长安。李渊出身显贵，其祖父李虎为北周重臣，死后追封唐国公。隋初，袭封唐国公的李渊先后任多州刺史、太守，后在隋末蜂起的群雄中异军突起。建立唐王朝后，随即展开统一全国战争。他率领部下先后打败割据称王的薛举、薛仁杲、李密、窦建德、王世充、刘黑闼、徐圆朗、刘武周、高开道等，降李轨、杜伏威、李子通、冯盎和萧铣，始得天下大定。李渊在政治、经济、军事诸方面承继隋制，中央仍实行三省六部制，地方主要以郡县两级为主；经济方面颁布均田令，规定授田数，订立户籍，纳粮收捐；军事方面仍以府兵制为主；教育方面中央设立国子监、太学，地方设立州、县学，继续推进科举考试，为国家选拔管理人

从 **始皇登极** 到 **宣统退位**
——中国 363 位皇帝更迭速览

才。公元626年六月，秦王李世民发动玄武门之变，杀死太子李建成和齐王李元吉，李渊封李世民为太子，并于同年八月八日将帝位传于李世民，李渊以太上皇至公元635年五月六日病逝，其在位9年，终年70岁。

2. 太宗李世民

公元626年八月九日，28岁太子李世民登基称帝。李世民聪慧过人，18岁即出奇计解隋炀帝雁门之围。后积极鼓励支持父亲反隋自立。唐立国后，他亲率大军讨平瓦岗军，打败窦建德、刘武周、王世充等强大割据势力，又在与太子矛盾日升自身难保之危急关头，果断发动政变消灭宿敌。亲政以后，李世民时刻以隋为鉴，努力恢复发展生产，让人民休养生息；率先垂范戒奢从俭，禁止大兴土木营建宫室；修订《贞观律》，制定死刑复审制度，带头执行法律；重视百姓教化，推行学校教育，加强科举考试制度，重视选拔任用官员，主动虚心纳谏，修正执政策略；注重强边化民，消灭屡屡犯边的东突厥，收复吐谷浑、高昌、焉耆、龟兹，设安西都护府，重开丝绸之路；嫁文成公主与吐蕃，广泛传播先进文化和制造技术。高谋远虑、励精图治的李世民创立闻名天下的贞观之治。公元649年五月二十六日李世民病逝，其在位24

年，终年51岁。

3. 高宗李治

公元649年六月一日，22岁太子李治继承皇帝位。初即位，尊贞观遗规，行均田制，修《永徽律》；继续对周边用兵安抚并用，大食国遣使朝献；先后破西突厥、高丽，讨平百济，又击吐蕃，置安西四镇，统有西域，使唐朝疆域扩展到最大。此后立武则天为皇后，逐渐形成"天皇""天后"二圣格局。随着李治身体状况日差，朝廷即以武后执政为主。公元683年十二月四日李治病逝，其在位35年，终年56岁。

4. 中宗李显

公元683年十二月十一日，28岁太子李显登基后，头脑发热，要把韦后从八品的父亲韦玄贞提升为门下省长官侍中，遭到宰相等朝臣的反对。公元684年二月六日，皇太后武则天宣布废李显为庐陵王。

5. 睿宗李旦

公元684年二月七日，皇太后武则天下诏，23岁李旦即皇帝位，武则天临朝。李旦却被长期软禁在皇宫，直到公元690年九月十二日，李旦被改称"皇嗣"。

从 **始皇登极** 到 **宣统退位**
——中国 363 位皇帝更迭速览

6. 圣神皇帝武则天

公元690年九月十二日，武则天自立为圣神皇帝，改国号为周。公元637年，14岁的武则天被李世民召入宫中，封为才人。其后她与太子李治相遇，二次入宫以精明手腕和残酷手段排除异己，被李治封为皇后，并逐渐掌握朝政。其后，亲手将儿子李弘和李贤诛杀，废黜中宗李显和睿宗李旦，用酷吏铲除异己，以高官厚禄招揽人才，以卓越政治才能治理国家。公元698年九月十五日，武则天封李显为太子。公元705年正月二十四日，武则天传位于太子李显。其称帝16年，实际执政近半个世纪，上承贞观之治，下启开元盛世，励精图治成效显著，治国理政不让须眉。公元705年十一月二十六日武则天病逝，遗诏"撤销皇帝称号，改称则天大圣皇后"，终年82岁。

4-2. 中宗李显

公元705年正月二十五日，太子李显二次登基称帝，复国号唐。李显信任韦后、武三思，家事国事混为一谈，无力控制政治局面。公元710年六月三日，韦后伙同安乐公主将李显毒杀。李显前后在位8年，终年55岁。

三十九、唐

7. 少帝李重茂

公元710年六月七日，韦后矫诏立16岁李重茂为皇帝。六月二十四日李重茂让位于李旦，其在位17天。公元714年七月去世，终年20岁。

5-2. 睿宗李旦

公元710年六月二十四日，李旦第二次登皇帝位。在此之前，李旦三子李隆基联合太平公主发动政变，铲除韦后一党，废韦后所立傀儡皇帝李重茂。李旦和亲突厥，置二十四都督府、十道按察使。公元712年七月二十五日，李旦下诏传位于太子李隆基，后于公元716年六月十九日病逝，其前后在位10年，终年55岁。

8. 玄宗李隆基

公元712年八月三日，29岁太子李隆基继承皇帝位。时历经多次宫廷政变，吏治已经混乱不堪。李隆基明确宣布"官不滥升，才不虚授"。他选贤任能，起用有名政治家做宰相，裁汰冗员，精简机构，亲自选拔重臣、考核县令，严惩强占田地的贵族豪强，在全国开展"检田括户"运动，注重兴修水利，广泛开源节流，农业展现勃勃生机，经济很快步入繁荣。军事上改府兵制为募兵制，颁布练兵诏书，扩大屯田区域，陆续收复沦陷州城，破吐蕃，联契丹，御突厥，天竺、波斯、新罗、大食等72国遣使来唐。唐王朝政治、经济、文化、军事全面发展，开启中国史上繁荣昌盛的"开元盛世"。然晚年宠杨贵妃，信奸相李林甫、杨国忠，放任藩镇滋长，引爆长达八年的"安史之乱"，唐王朝急速由盛转衰。公元756年六月，太子李亨在灵武登极称帝，尊称李隆基为太上皇。次年，逃亡四川的李隆基返回长安，于6年后的公元762年四月五日病逝，其在位45年，终年78岁。

9. 肃宗李亨

公元756年六月十三日，46岁太子李亨在灵武即皇帝位。李亨为玄宗第三子，自幼记忆力超人，熟读诗书。李亨久历宫廷斗争，为人低调，直到28岁意外封为太子，又在太子位上苦熬18年。公元755年十一月九日安史之乱爆发，安禄山15万大军直捣京城长安，唐军无力抵抗。在随玄宗逃往蜀地途中，李亨经坚持平叛部将和民众请求，北上灵武即位，指挥军民抗击叛军。大将郭子仪、李嗣业等率领唐军收复长安、洛阳两京，肃宗作为民众精神支柱继续指挥平叛，功不可没。然其治国能力有限，听信谗言，重用宦官外戚，

三十九、唐

为唐朝后期留下严重祸患。公元762年四月十八日李亨病逝，其在位7年，终年52岁。

10. 代宗李豫

公元762年四月二十日，37岁太子李豫登基即位。时安史之乱尚未结束，代宗以李适为兵马大元帅开始总反攻。次年，史朝义缢死，安史之乱结束，但唐朝已是满目疮痍，灾祸遍地。且代宗李豫姑息养奸，致使安史降将占据众多地区，而且允许他们世代相袭，实际上形同割据；吐蕃陷陇右入京师，袭扰不断；回纥深入洛阳烧杀抢掠，党项、羌、浑不断袭扰边境；朝中宦官势力熏人，内忧外患加剧，民众苦不堪言。公元779年五月二十一日，李豫病逝，其在位18年，终年54岁。

11. 德宗李适

公元779年五月二十三日，38岁太子李适登极即位。面对千疮百孔的政局，李适似有一番雄心。他禁止岁贡，禁止官员经商，改租调制为"两税法"。然而面对朝内激烈党争和边境严峻局势，面对愈来愈烈的藩镇割据，生性猜忌、难容忠臣的李适不但无力改变，而且逐渐变态到异常贪财、主动敛财。尤其过度重用宦官，而且让宦官执掌禁军，从此将皇家性命交于宦官之手，祸患之渊深不见底。公元805年正月二十三日李适病逝，其在位27年，终年64岁。

12. 顺宗李诵

公元805年正月二十六日，45岁太子李诵登基称帝。李诵久病不愈，意志和身体一样已不做主。即位之后，事无巨细皆决于宦官李忠信等人。公元805年八月四日，宦官俱文珍等逼李诵下诏传位于太子李纯，让其自称太上皇。次年正月十九日李诵病逝，其在位七个月，终年46岁。

13. 宪宗李纯

公元805年八月九日，28岁太子李纯即皇帝位。李纯以太宗、玄宗为榜样，决心革除时弊，削平藩乱，实现中兴。他以杜黄裳、李绛、裴度等人为相，平剑南节度使刘辟、浙西节度使李锜、成德军节度使王承宗、淮西军节度使吴元济等反乱，唐王朝重归统一。之后宪宗李纯骄奢放纵，笃信仙佛，服食丹药，性情暴躁，苛责侍从。公元820年正月二十七日，李纯被身边宦官陈弘志刺死，其在位16年，终年43岁。

三十九、唐

14. 穆宗李恒

公元820年闰正月三日，宦官梁守谦、王守澄拥立26岁太子李恒即皇帝位。李恒全部精力在游玩嬉戏，不会也不爱处理朝政，藩镇之乱再度兴起。唯有和亲会盟缓解回纥、吐蕃压力，可以算作穆宗些许之功。公元824年正月二十二日，李恒病逝。其在位5年，终年30岁。

15. 敬宗李湛

公元824年正月二十六日，16岁太子李湛登极。李湛一味赏宦官、打马球，荒淫游荡，毫无节制。公元826年十二月八日，打猎深夜回宫大醉的李湛，被宦官刘克明等刺杀，其在位3年，终年18岁。

16. 文宗李昂

公元826年十二月十二日，宦官王守澄等拥立李湛兄、19岁江王李昂登上皇帝位。李昂在位期间，宦官当政，朋党相争，藩镇反乱。公元835年欲诛宦官，反而酿成数万人惨死、宦官气焰更加嚣张之祸。公元838年十月宦官杀李昂太子李永，后又假传圣旨封颍王李炎为皇太弟。公元840年正月四日，李昂病逝，其在位

14年，终年32岁。

17. 武宗李炎

公元840年正月十四，宦官仇士良、鱼弘志矫诏拥立李炎登皇帝位。李炎为穆宗李恒第五子。即位欲抑制宦官、削减藩镇，未能如愿。其间幽州卢龙军将领陈行泰、河东军将领杨弁反叛，回纥、党项、羌不断扰边，朝中牛僧孺、李德裕为首两派争斗不断，李炎有心干事而无力回天。公元846年三月二十三日，李炎病逝，其在位7年，终年33岁。

18. 宣宗李忱

公元846年三月二十六日，宦官马元贽等人拥立宪宗第十三子、武宗李炎叔父、37岁光王李忱登皇帝位。李忱因其母在宫中地位卑微，自小沉默寡言，谨慎小心，宦官认为便于掌控才拥立为帝。然一即位，李忱行事坚决果断。他尊重儒生，唯才是举，不徇私情，改革科举中的弊端，重视考察官员实际德能，将户口增加列为官员考核内容，规定中央官员要有地方任职经历。在任期间权豪敛迹，奸臣畏法，宦官收敛，贤能致用，收回河陇，边境安宁。然耽于道术，喜服丹药。公元859年八月七日，因服食丹药中毒身

三十九、唐

亡，其在位14年，终年50岁。

19. 懿宗李漼（cuǐ）

公元859年八月十三日，宦官王宗实等矫诏拥立宣宗李忱长子、27岁郓王李漼继承皇帝位。李漼虽然年长继位，但宦官看重的是他昏聩无能、生性好玩。李漼在位期间，一任宦官行事，全国到处兵变，天灾人祸并行。公元873年七月十九日李漼病逝，其在位15年，终年41岁。

20. 僖宗李儇（xuān）

公元873年七月十六日，在懿宗病逝前三天，宦官刘行深、韩文约等杀懿宗年长诸子，立懿宗第五子、年仅12岁的普王李俨（李儇）为帝。幼年继位，李儇虽无执政能力，但下棋、蹴鞠、斗鸡、骑驴、击球之类无所不精，正中下怀的宦官尽揽朝权。时王仙芝、黄巢起义风起云涌，年已19岁但玩性正浓的李儇不得不远逃巴蜀躲避。五年之后避难归来，京城已经破烂不堪，藩镇军阀仍旧争斗不休。公元888年三月六日，流离8年的李儇病逝，其在位16年，终年27岁。

从 **始皇登极** 到 **宣统退位**
——中国 363 位皇帝更迭速览

21. 昭宗李晔

公元888年三月六日，宦官杨复恭拥立僖宗李儇22岁弟李晔即皇帝位。时杨行密、朱全忠、李克用、孙儒等大肆混战，势力日增的朱全忠于公元904年闰四月强行迁都到自己领地洛阳。当年八月十一日，朱全忠派兵杀李晔。李晔在位17年，终年38岁。

22. 哀帝李柷（zhù）

公元904年八月十五日，朱全忠矫何皇后诏立昭宗李晔第九子、13岁李柷为皇帝。朱全忠攻取襄州、江陵，李柷封其为相国，接着又封其为王。公元907年三月二十七日，朱全忠逼李柷禅位于己，唐亡。次年二月二十二日，李柷被朱全忠鸩杀，其在位4年，终年17岁。

五代十国

（907年—979年）

公元907年，统一而强盛的唐朝被后梁取代。随之取代后梁而又依次相继取代的有后唐、后晋、后汉、后周。同时在南方，与这五个朝廷并存且公开或事实上分庭抗礼的割据政权中，时间相对较长的有10个，史称为五代十国时期。这是自秦统一以来三国两晋南北朝之后，中国历史上第二个大分裂时期，人民在无休止碾压式烧杀抢掠决河屠城的野蛮战乱中，遭受着难以想象的灾难。

五代

（907年—960年）

五代是当时北方五个朝代的合称。公元907年，长时期藩镇割据、宦官专权、朋党相争的唐朝被朱全忠取代而建立后梁；之后，李存勖陷开封灭后梁建立后唐；后唐被出卖燕云十六州、并称小自己11岁的契丹帝为父的石敬瑭灭；13年后，契丹灭了石敬瑭子孙及后晋，不久刘知远在太原称帝建立后汉；郭威篡后汉建立后周。公元960年赵匡胤陈桥兵变代周建宋，前后54年的五代结束。

四十、五代·后梁

（907年—923年）

公元907年四月，黄巢起义军将领、投唐被赐名朱全忠的朱温废唐而立。后梁辖地有今河南、山东，以及陕西、湖北大部，河北、宁夏、山西、江苏、安徽等省、自治区一部分。后梁传3帝，历17年，都汴（今河南开封），公元923年十月为后唐所灭。

1. 太祖朱温（朱全忠）

公元907年四月十八日，唐梁王朱全忠逼哀帝李柷禅位登皇帝位，国号大梁，都开封，史称后梁。朱全忠原名朱温，自幼性情凶悍，敢作敢为。公元877年投黄巢，作战勇猛成为干将。后降唐，被任命为左金吾大将军、宣武军节度使，赐名朱全忠，坐镇汴梁。其后追杀黄巢，剿灭秦宗权，打败李克用，成为唐末最大的割据势力，并在诛灭胡作非为的宦官后废天子

从 始皇登极 到 宣统退位
—— 中国 363 位皇帝更迭速览

而自立。朱全忠称帝后赦免盗贼，减少贼寇，奖励农耕，减轻民赋，中原经济得以恢复。然朱全忠荒淫嗜杀，近乎禽兽，公元912年六月二日，被其次子朱友珪弑杀，其在位6年，终年61岁。

2. 郢王朱友珪

公元912年六月五日，朱友珪弑父自立为帝。朱友珪除以财帛赏赐笼络人心外，荒淫不下其父朱全忠。次年二月十七日，朱全忠四子朱友贞杀朱友珪。朱友珪在位9个月，生年不详。

3. 末帝朱友贞

公元913年二月十七日，朱友贞杀兄自立为皇帝。朱友贞温和谦恭，节俭谨慎，但此时内乱相继，与后唐大战日复一日，后梁已是首尾难顾。公元923年十月，后唐大军攻破开封，不愿投降的朱友贞于十月八日自杀，后梁亡。朱友贞在位11年，终年36岁。

四十一、五代·后唐

（923年—936年）

公元923年四月李存勖建立。后唐全盛时有今河南、山东、山西，以及陕西、重庆、四川、河北省、市大部，甘肃、宁夏、湖北、江苏、安徽等省、自治区一部分。后唐传4帝，历14年，都洛阳，公元936年闰十一月灭于后晋。

1. 庄宗李存勖（xù）

公元923年四月二十五，唐晋王李克用长子李存勖自立为帝，国号唐，都洛阳，史称后唐。李存勖从小随父南征北战，立下无数战功。公元908年其父死前嘱咐24岁的李存勖，一定要讨伐背盟之敌刘仁恭，消灭世敌朱全忠。从此，李存勖整顿吏治，整肃军纪，减轻赋税，鼓励生产，招兵买马，深化训练，不断向刘、朱用武，公元913年十一月灭刘，公元923年十月灭后梁，圆满完成父亲遗愿。然李存勖治国则昏聩愚昧，攻灭后梁后骄傲自矜，猜忌功臣，重用宦官、伶人。公元926年三月洛阳兵变，次月一日李存勖死于乱箭。其在位4年，终年42岁。

2. 明宗李嗣源

公元926年四月二十日，众将拥李嗣源为帝。李嗣源为唐河东节度使李克用养子，自幼跟随李克用父子南征北战，战功卓著。李存勖死后，众拥李嗣源为帝。他整顿吏治，赏罚并行，毫不姑息严惩贪官；轻徭薄赋，以民为本，改革农具，提供耕牛，鼓励农民发展生产；自律节俭，裁撤后宫，禁止进献珍奇玩物，在位期间年谷屡丰，兵革罕用，农民安康。然御人乏术，大臣专权，不决继承人选，留患于后。公元933年十一月，李嗣源病重，长子李从荣逼宫被杀。同年十一月二十六日，李嗣源病逝，其在位8年，终年67岁。

3. 闵帝李存厚

公元933年十二月一日，李嗣源第三子李存厚登基称帝。李存厚虽有励精图治之心，却无治国驭人之能。当时，朱弘昭、冯赟自恃拥立有功，专擅朝政，

四十一、五代·后唐

将李从厚亲信排挤出朝，李从厚仅表不悦而已。潞王李从珂为明宗李嗣源养子，自幼随父征战，屡立战功，官至凤翔节度使。李从厚听信朱、冯之言，欲以换防削弱李从珂等节度使势力，李从珂趁机起兵反叛。公元934年四月初，李存珂攻入京城，曹太后下诏废李存厚，四月九日李存厚被杀。其在位四个月，终年21岁。

4. 末帝李从珂

公元934年四月六日，李嗣源养子李从珂以曹太后诏登基称帝。此时藩镇强横，财政困难。公元936年五月，李从珂欲削弱最大藩镇河东节度使石敬瑭，石起兵反，并割让燕云十六州于契丹。闰十一月二十六日，石敬瑭与契丹联军兵临城下，李从珂自焚，后唐亡。李存珂在位3年，终年52岁。

四十二、五代·后晋

（936年—946年）

公元936年十一月，后唐李存勖部将石敬瑭建立。后晋统治范围有今河南、山东，以及山西、陕西大部，河北、宁夏、甘肃、湖北、安徽等省、自治区一部分。后晋传2帝，历11年，都汴（今河南开封），公元946年十二月灭于契丹。

1. 高祖石敬瑭

公元936年十一月十二日，后唐河东节度使石敬瑭以割让燕云十六州及每年输帛三十万匹，乞契丹太宗耶律德光封其为大晋皇帝，都汴州，史称后晋。石敬瑭父为李克用手下骁将，自幼常随父亲的石敬瑭练就刀枪骑射功夫。父死以后，石敬瑭为李存勖帐下校尉，能征善战。李存勖让他跟随李嗣源，李嗣源嫁爱女于他。后石敬瑭尊比自己小11岁的契丹皇帝耶律德

四十二、五代·后晋

光为父，拱手割让中原北方屏障，每年输绢纳银请契丹出兵，扶持自己登上皇帝位。之后，石敬瑭对契丹自称"儿皇帝"，每次跪接契丹使臣，逢年过节厚奉契丹皇族大臣。向契丹供奉日重，自己奢侈靡费，百姓不堪重负，反叛连绵不断。公元942年六月十三日，石敬瑭病死，其在位7年，终年51岁。

2. 出帝石重贵

公元942年六月十三日，大臣拥石敬瑭侄石重贵继承后晋皇位。石重贵耻于向契丹称臣，契丹两次发兵来犯，被石重贵击溃。连续胜利之后，石重贵心生骄气，轻敌发兵攻契丹，结果将降兵败。公元947年1月，契丹大军攻入开封，石重贵降，后晋亡。石重贵于公元964年去世，其在位5年，终年51岁。

四十三、五代·后汉

（947年—950年）

公元947年二月刘知远建立。后汉统治范围有今河南、山东，以及山西、陕西大部，河北、宁夏、甘肃、湖北、安徽、江苏等省、自治区一部分。后汉传2帝，历4年，都汴（今河南开封），公元950年十一月灭于后周。

1.高祖刘知远

公元947年二月十五日，后晋北平王刘知远在太原自立为帝，国号汉，史称后汉。刘知远幼年贫寒，十多岁时投李嗣源，作战勇敢升为偏将。后与石敬瑭共事，成为石敬瑭亲信。石敬瑭称帝后，加封刘知远为忠武军节度使、河东节度使、总揽晋阳地区军政大权。后晋于辽战争中，刘知远坐收渔利。在契丹祸乱中原之关键时候，刘知远自立为帝，积极整军，修城

四十三、五代·后汉

练兵，趁契丹耶律德光病死部下争位之机，挥兵攻打契丹占据之河北、河南地区，很快攻陷洛阳、开封等地，各地归降。公元948年正月二十七日，刘知远病逝，其在位不足一年，终年53岁。

2.隐帝刘承祐

公元948年二月一日，刘知远18岁儿子刘承祐继承皇帝位。时河中李守中、凤翔王景崇等相继作乱，刘承祐派郭威任统帅平叛。平叛胜利之后，刘承祐更加骄纵。他宠外戚，杀重臣，谋诛郭威。郭威闻讯挥师"清君侧"，各地响应。刘承祐督军阻击郭威，兵败以后，部下于公元950年十一月二十二日杀刘承祐，后汉亡。刘承祐在位3年，终年20岁。

四十四、五代·后周

（951年—960年）

公元951年正月郭威建立。后周统治范围有今河南、山东、山西，以及河北、陕西大部，甘肃、宁夏、湖北、安徽、江苏等省、自治区一部分。后周传3帝，历10年，都汴（今河南开封），公元960年正月灭于北宋。

1. 太祖郭威

公元951年正月五日，后汉李太后诏令传国玺于重臣郭威，郭威登基称帝，国号周，都开封，史称后周。郭威三岁成为孤儿，姨母抚养成人。从军后因威武高大、有勇有谋而备受长官青睐，几经辗转成为刘知远部下，战功卓著而为托孤重臣，并连平三镇叛乱，数次抗击契丹。即位后北拒北汉、契丹，东平慕容彦超之乱，获得边境安定。内政方面选贤任能，革

四十四、五代·后周

除积弊，废除苛捐杂税，均定田赋，安抚流民，鼓励垦荒，促进生产；放宽刑律，不搞株连；注重节俭，国内社会安定，百姓安居乐业。公元954年正月十七日郭威病逝，其在位4年，终年51岁。

2. 世宗柴荣

公元954年正月二十一日，郭威养子柴荣奉诏继承皇帝位。柴荣少时家道中落，遂投奔姑夫郭威，为郭威养子。柴荣读书习武，经商持家，样样能干。后随郭威转战四方，协助养父掌军，智勇双全，威望日隆。即位后力行改革，整顿纲纪，以严刑峻法打击贪腐官员。他用人唯才是举，品学兼优者破格录用。初继位便下诏军中老弱愿意回家种田者可退伍回家；广泛招抚流民分给土地，清查户口，均田定租，兴修水利，减民赋税；取消特权，打击豪强；扩建京城；整理历法，搜救遗书，整理典籍，保护文物。同时他精兵强武，胸怀统一全国的雄心，征西蜀收回十一州；三征南唐，尽得淮南十四州六十县之地。之后北伐攻辽，收复三关，得辽三州十七县，取得五代对辽作战最大胜利。在正欲发动攻势收复幽云十六州之际，郭威突发重病，于公元959年六月十九日病逝，其在位6年，终年39岁。

3. 恭帝柴宗训

公元959年六月二十九日，柴荣7岁儿子柴宗训登基即皇帝位。次年正月五日，殿前都检点赵匡胤陈桥兵变，柴宗训退位，后周亡。柴宗训于公元973年病逝，其在位7个月，终年21岁。

十国

（902年—979年）

公元907年四月后梁政权取代唐朝以来，各地割据势力不论表面臣服还是公开对抗，实际上都割据一方，与公开称帝的割据势力无实质性差别。这些在南方割据时间较长的政权有前蜀、后蜀、吴、南唐、吴越、闽、楚、南汉、南平，北方有占据今山西一带的北汉，史称十国。十国中前蜀、吴、楚、闽灭于五代时期，其余为北宋所灭。相比当时北方各个朝廷，南方多国基本上以保境自守为生存之要，攻伐略地相对不太激烈，社会秩序较为安定，北人南迁促进南方社会经济发展。

四十五、十国·吴

（902年—937年）

公元902年三月，唐昭宗李晔封弘农郡王杨行密为吴王，从此杨氏割据在今江西、江苏、湖北、安徽一带。吴传4主，历36年，都扬州，公元937年九月被南唐取代。

1. 太祖杨行密

公元902年三月二十六日，为讨伐朱全忠，唐昭宗李晔任杨行密为东面行营都统，封吴王。杨行密割据江淮，遏止朱温南进步伐，避免全国更大范围动乱。此后，杨行密开仓赈济灾民，下令减轻赋税，收集流民散兵，鼓励开荒种地，禁止军吏扰民，千里江淮呈现生机。公元905年十一月二十六日，杨行密病逝，其在位4年，终年54岁。

四十五、十国·吴

2. 烈祖杨渥（wò）

杨行密去世当日，长子杨渥继任。当时江州降附，接着又攻占了洪州，杨渥骄纵日甚。他拒不纳谏，专断蛮横，排挤功臣。被部将徐温于公元908年五月八日杀害。杨渥在位4年，终年23岁。

3. 高祖杨隆演

杨渥被杀当日，众将拥杨行密12岁次子杨隆演继任。时朝中大权尽归左右牙都指挥使徐温。公元919年四月一日，徐温父子拥杨隆演为吴国王，首府江都。次年五月二十八日杨隆演病逝，其在位13年，终年24岁。

4. 睿帝杨溥

公元920年六月十八日，杨行密21岁四子杨溥继任，徐家父子继续掌权。公元927年十一月初三，杨溥称帝。时徐温死，其养子徐知诰统揽大权。公元937年九月十七日，杨溥让位于徐知诰，南吴亡。杨溥被囚禁，次年十一月被害。其在位18年，终年39岁。

四十六、十国·前蜀

（903年—925年）

公元903年八月，唐末西川节度使王建建立。前蜀据有今四川、重庆大部，甘肃、陕西、湖北等省一部分。前蜀传2主，历23年，都成都，公元925年十一月灭于后唐。

1. 高祖王建

公元903年八月十六日，唐昭宗李晔加封西川节度使王建为蜀王，史称前蜀。王建曾以宰牛贩盐为生，唐末加入忠武军，成为忠武八都的都将之一。因救护唐僖宗李儇有功，成为神策军将领。黄巢攻陷长安，王建随唐僖宗入蜀，被宦官田令孜收为养子，授刺史。公元907年九月二十五日，王建在成都称帝，国号大蜀。王建励精图治，兴修水利，注重农桑，扩张疆土，以蜀地偏僻而少战事，经济、文化、军事得以

四十六、十国·前蜀

发展，百姓生活比较安定。公元918年六月一日王建去世，其在位16年，终年72岁。

2. 后主王衍

公元918年六月二日，30岁太子王衍继承帝位。王衍奢侈无度，残暴昏庸。公元925年九十月间，王衍带兵数万大举巡游青城山及远在千里之外的天水，后唐大军南下攻蜀，游兴正浓的王衍不听禀告，直到后唐大军兵临成都。同年十一月二十七日，王衍降后唐，前蜀亡。次年三月王衍被杀，其在位8年，终年38岁。

四十七、十国·楚

(907年—951年)

公元907年四月，后梁封谭州刺史马殷为楚王，据有今湖南全省，以及广西、贵州、广东等省、自治区一部分。楚传6主，历45年，都长沙，公元951年十月灭于南唐。

1. 武穆王马殷

公元907年四月二十五日，后梁太祖朱全忠封谭州刺史马殷为楚王。马殷在唐末军阀混战中崛起，占有谭衡等七州，割据湖南。后梁建立，马殷臣服受封。后大败南吴，收十二州。后唐灭后梁，又臣服后唐。公元927年六月十七日，后唐封其为楚国王，马殷改谭州为长沙府做都城。马殷利用地处江南割据势力中心之优势，以免费、减官税等措施发展商业贸易，年收茶税逾百万。公元930年十一月十日马殷去世，其在位

四十七、十国·楚

24年，终年79岁。

2. 衡阳王马希声

公元930年十一月二十七日，马殷33岁次子马希声即位。马希声以马殷遗命不称王，只称藩镇，其他全承旧制。公元932年七月十一日马希声去世，被追封为衡阳王。其在位3年，终年35岁。

3. 文昭王马希范

公元932年八月十二日，马希声弟马希范嗣位。公元934年正月二十一日，后唐闵帝李从厚封马希范为南楚王。马希范生活豪华奢侈，纵情声乐，饮宴达旦，增赋加税，民怨沸腾。公元947年五月八日马希范去世，其在位15年，终年50岁。

4. 废王马希广

公元947年五月十一日，部将排除马希范诸弟中年龄最长的马希萼，矫遗命拥马希范同母弟马希广嗣位，后汉高祖刘知远封马希广天策上将军、江南诸道都统、楚王。公元949年八月，马希广兄马希萼反叛。次年八月马希萼称臣南唐借兵攻马希广。公元950年十二月十五日马希广被杀，其在位4年，生年不详。

5. 马希萼

公元950年十二月十四日，马希萼自立为南楚王。当政后报复杀戮，军政紊乱，人心离散。公元951年九月，楚都指挥使徐威等废马希萼。其在位2年，后死于金陵，生年不详。

6. 马希崇

公元951年九月，楚都指挥使徐威等废马希萼，改立其弟马希崇。南唐军趁乱袭长沙，同年十月十六日马希崇投降，南楚亡。数年后马希崇死于金陵，生年不详。

四十八、十国·吴越

（907年—978年）

公元907年五月，后梁封镇海镇东节度使钱镠为吴越王，据有今浙江、上海，以及江苏省一部分。吴越传5主，历72年，都杭州，公元978年五月灭于北宋。

1. 武肃王钱镠（liú）

公元907年五月三日，后梁朱全忠封镇海镇东节度使、吴王钱镠为吴越王。钱镠唐末为杭州刺史董昌部将，军阀混战中实力增强，升为镇海节度使。董昌据越州称帝，唐以钱镠为招讨使伐董昌。钱镠获胜以后，遂据西浙之地。钱镠采取保境安民措施，对中原王朝一律称臣，于邻国争战得到便宜即止。辖区土地肥沃，重视兴修水利，农业生产得以恢复，手工业、对外贸易均有长进，人民生活相对安定。公元932年三月二十八日，钱镠病逝。其在位26年，终年81岁。

2. 文穆王钱元瓘（guàn）

公元932年三月二十八日，钱镠第五子钱元瓘继承王位。遵遗命去国仪列藩镇，后唐又逐步加封至吴越王。钱元瓘为人忠厚，嗣位即废除荒田绝户租税，不听谗言诛杀老臣而委以重任，举国安宁。公元941年八月二十四日，钱元瓘病逝。其在位10年，终年55岁。

3. 忠献王钱弘佐

公元941年九月三日，钱元瓘14岁六子钱弘佐继任吴越王。钱弘佐年龄虽小，但很有才华，为人温和谦让，头脑清醒，观察敏锐。基于国中存粮丰厚，钱弘佐下令全国免税三年。公元947年六月二日，钱弘佐去世。其在位7年，终年20岁。

4. 忠逊王钱弘倧

公元947年六月十三日，钱弘佐遗命其19岁弟钱弘倧继承王位。钱弘倧亲见其兄宽容部将屡受掣肘，登位后刚强果断，执法严厉，先后诛杀三名违法官员。时内牙统军使胡进思以拥立有功而经常干预朝政，屡受谴责的胡进思发动政变，于同年十二月三十日废钱弘倧。钱弘倧在位仅半年，公元973年病逝，终年45岁。

四十八、十国·吴越

5. 忠懿王钱弘俶（chù）

胡进思废钱弘倧，矫诏拥立钱弘倧弟钱弘俶继承王位。钱弘俶励精图治，减免赋税，鼓励垦荒，劝农耕耘，使吴越境内无废田，百姓生活有保障。他在位31年，先后接受后汉、后周、北宋封号，出兵助赵匡胤平定江南，被封为兵马大元帅。为免百姓战乱之苦，钱弘俶于公元978年五月尽献其地于北宋，吴越亡。公元988年钱弘俶去世，终年60岁。

四十九、十国·闽

（909年—945年）

公元909年四月，后梁封威武军节度使王审知为闽王，统治区域大致相当于今福建一省。闽传7主，历37年，都长乐（今福建省福州市），公元945年八月被南唐灭。

1. 太祖王审知

公元909年四月初四，后梁朱全忠封王审知为闽王。唐昭宗年间，王审知与其兄王潮据有福州，王潮被封为威武军节度使。公元898年王潮去世，王审知继承。王审知为人节俭，礼贤下士，减少刑罚，减免赋役，注重培养人才，广泛招揽商人，促进闽地发展。公元925年十二月十二日王审知去世。其在位17年，终年64岁。

四十九、十国·闽

2. 嗣王王延翰

王审知去世，其长子王延翰继任威武军节度使，于次年十月六日自称闽王。王延翰骄横荒淫，残忍凶暴，广收美女，流放大臣。当年十二月，其弟王延钧与王审知养子王延禀发动兵变，同月八日杀王延翰。其在位2年，生年不详。

3. 太宗王延钧

王延翰被杀当日，王延禀等拥立王审知次子王延钧承继。后唐任王延钧为威武军节度使、闽王。公元931年四月，王延禀发兵攻打福州，兵败被杀。公元933年正月王延钧称帝。王延钧崇信鬼神，宠幸道士，重用奸臣。公元935年十月十九日，王延钧长子王继鹏发动兵变，王延钧被杀。其在位10年，生年不详。

4. 康宗王继鹏

公元935年十月十八日，王继鹏矫母皇太后诏继位。王继鹏同父一样宠信道士，更换将相也听从道士之言。为道士修建奢华紫微宫，耗资巨而国库虚，卖官鬻爵，横征暴敛，猜忌心重，屡杀大臣。公元939年七月，王继鹏欲杀控鹤军使连重遇，连重遇兵变，于当月十二日杀王继鹏。其在位5年，生年不详。

5. 景宗王延曦

连重遇杀王继鹏，拥王继鹏叔父王延曦嗣位。王延曦之昏聩暴虐远甚王继鹏，尤其达旦饮酒、滥杀将领而使重臣人人自危。公元944年三月十三日，被拱宸都指挥使朱文进伙同连重遇杀。其在位6年，生年不详。

6. 昭宗朱文进

王延曦被杀，连重遇等推举朱文进继承帝位。朱文进封连重遇皇家禁卫军统帅，下诏释放宫女，停建大型工程。当年十二月，后晋封朱文进为闽国王。同年闰十二月二十九日，朱文进被部属所杀，其在位11个月，生年不详。

7. 福王王延政

朱文进被杀，闽遗老遗少请王延政还都福州，去殷国号称闽国。王延政为王审知少子，曾于公元943年二月在建州建立殷国。时南唐压境，王延政派侄子王继昌镇守福州。南唐军一路攻伐，公元945年八月二十四日，王延政投降，南闽亡。公元951年王延政去世。其在位3年，生年不详。

五十、十国·南汉

(917年—971年)

公元917年八月，后梁清海军节度使刘龑，平定岭南地方割据势力后称帝，国号汉，史称南汉。据有今广西、广东、海南，以及安徽、湖南等省一部分。南汉传4主，历55年，都广州，公元971年二月灭于北宋。

1. 高祖刘龑（yǎn）

公元917年八月十六日，刘龑称帝，国号大越，次年十一月改国号汉，改广州为兴王府做都城，史称南汉。南汉奠基人为刘隐。刘隐在唐亡后臣服后梁，率兵平定岭南，重用岭南士人。公元911年三月刘隐死，其弟刘龑袭封。刘龑交好邻国，兴办学校，推广科举，国力日上。然后期穷奢极欲，淫乱残暴。重用宦官，滥用酷刑，广聚珍宝，大兴土木，昏庸之至。公

从 **始皇登极** 到 **宣统退位**
——中国 363 位皇帝更迭速览

元942年四月二十四日，刘龑病逝，其在位26年，终年54岁。

2. 殇帝刘玢（bīn）

刘龑死后，其三子刘玢即位，刘玢弟刘晟担任辅政大臣。刘玢贪图享乐，淫秽下流，不思治国，境内连发起义。次年三月八日被其弟刘晟所杀。其在位2年，终年24岁。

3. 中宗刘晟（shèng）

刘晟杀兄刘玢自立后，攻南楚伐南唐，不断开疆拓土。但其本人极其残暴，任用宦官宫女主政，大肆屠灭皇族，诛杀部下。刘晟弟兄18个，因病早逝二人、战死一人，除他以外在世的14人，全被刘晟屠戮。公元958年八月三日，刘晟病逝，其在位16年，终年39岁。

4. 后主刘𬬿（chǎng）

刘晟死后，其16岁长子刘𬬿嗣位。在南方诸多割据势力中，南汉腐败冠绝群雄，而且一朝胜似一朝，小小刘𬬿也毫不逊色。他宠信奸佞，国事全由宦官宫女做主。更为荒唐的是，刘𬬿竟然公开诏告天下，欲

五十、十国·南汉

得重用者必先阉割去势，一时宫门中太监竟达两万多人。公元971年二月北宋攻南汉，刘铱降，南汉亡。公元980年刘铱去世，其在位14年，终年38岁。

五十一、十国·南平

（924年—963年）

公元924年三月，后唐封荆南节度使高季兴为南平王，据有今湖北省大部分。南平传5主，历40年，都荆州（今湖北江陵市），公元963年二月灭于北宋。

1. 武信王高季兴

公元924年三月八日，后唐庄宗李存勖封荆南节度使高季兴为南平王。高季兴早年为朱全忠部下，唐昭宗末年历任亲军指挥使、宋州刺史。后梁代唐后任其为荆南节度使。后唐灭后梁乃封王。后唐灭前蜀，高季兴承诺协助而未兑现，后索要土地惹怒明宗，李从厚发兵来袭，因久雨和瘟疫而免灭国。荆南地势弱小，故以保境自立为上策。高季兴既臣服中原王朝，又臣服周边政权。公元928年十二月十五日高季兴病逝，其在位5年，终年71岁。

五十一、十国·南平

2. 文献王高从诲

高季兴去世，其长子高从诲袭位。高从诲充分继承其父保境自立国策，臣服中原及时到位，对周边后蜀、南吴、楚、南汉及比自己弱小的闽也臣服，以获取赏赐和得以通商，被诸国称为"高赖子"。高从诲性情通达，省俭刑罚，减轻赋税，任用贤臣，境内安定。公元948年十月二十八日高从诲病逝，其在位21年，终年58岁。

3. 贞懿王高保融

高从诲去世，其三子高保融嗣位。时后汉任其为荆南节度使，后周太祖郭威进封其为南平王。高保融性情迟滞，治军统民均无章法，事无大小都委其弟高保勖决定。公元960年八月二十七日，高保融去世，其在位13年，终年41岁。

4. 贞安王高保勖（xù）

高保融病危，遗命同母弟高保勖嗣位。高保勖为高从诲第十子，有治世之才，嗣位后却荒淫无度，不问民事。公元962年十二月十九日高保勖病逝，其在位3年，终年39岁。

5.德仁王高继冲

　　高保勖去世，遗命高保融长子、高保勖侄高继冲嗣位。次年宋军假道南平，分据南平冲要，高继冲无奈，遂纳地归宋，南平亡。公元973年十二月十一日高继冲去世，其在位2年，终年31岁。

五十二、十国·后蜀

（934年—965年）

公元934年正月，后唐西川节度使孟知祥建立。盛时据有今四川、重庆大部，甘肃、陕西、湖北等省一部分。后蜀传2主，历32年，都成都，公元965年正月灭于北宋。

1. 高祖孟知祥

公元934年闰正月二十七日，孟知祥在四川称帝，国号蜀，都成都，史称后蜀。唐末孟知祥为太原卫指挥使。后唐征蜀统帅郭崇韬出师前，推荐灭蜀后让孟知祥任西川节度使，遂随军入川。公元932年四月，东川节度使董璋攻西川，大败为部将所杀，孟知祥兼并东川地区，次年二月后唐明宗封其为蜀王。公元934年七月二十一日孟知祥去世，其在位7个月，终年61岁。

从 **始皇登极** 到 **宣统退位**
—— 中国 363 位皇帝更迭速览

2. 后主孟昶

公元934年七月二十九日，太子孟昶即位。孟昶鉴于前朝佞臣乱政，决心匡正时弊。他选拔廉吏，任用贤能，严惩贪腐；劝课农桑，发展生产；编印文集，创办画院，研究音律；社会稳定，蜀中富裕。然后期追逐享乐，花天酒地，大兴土木，广征美女，朝政日废。公元965年正月北宋太祖下诏伐蜀，孟昶降，后蜀亡。孟昶到达汴京后去世。其在位32年，终年47岁。

五十三、十国·南唐

（937年—975年）

公元937年十月，南吴齐王李昪（原名徐知诰）代吴建立。盛时据有今江西，以及安徽、江苏、福建、湖北、湖南等省一部分。南唐传3主，历39年，都金陵（今江苏南京），公元975年十一月灭于北宋。

1.烈祖李昪（biàn）

公元937年十月五日，南吴睿帝杨溥禅位于权臣徐温养子、齐王徐知诰，国号齐，后徐知诰恢复李姓，改名李昪，改国号为唐，史称南唐。李昪勤于政事，宽缓刑罚，推广恩信，广纳忠言；广收流民，和解吴越，保境安民。然晚年崇尚道术，服丹中毒，于公元943年二月二十二日病逝，其在位7年，终年56岁。

从 **始皇登极** 到 **宣统退位**
——中国 363 位皇帝更迭速览

3. 元宗李璟

李昪去世以后，太子李璟于公元943年三月一日即位。李璟即位后开始大规模对外用兵，灭南楚，收南闽，执政期间疆域为南唐最大。公元957年后周世宗征南唐，南唐大败，同年三月李璟割让长江以北十四州于后周，并去帝号，改称江南国主。李璟好读书多才多艺，与大臣宴饮赋诗填词，词名大于帝名。公元961年李璟病逝，其在位19年，终年46岁。

3. 后主李煜

李璟去世后，太子李煜即位。李煜生性仁厚，即位后下诏减税赋，省刑罚，鼓励农桑。然而面对强大的北宋，只能称臣纳贡。李煜喜好奢华，贪求享乐胜于其父。他崇信佛教，修佛建塔高耸入云，巧夺天工；丝竹声声，歌舞亭台，竭尽奢侈；琴棋书画，诗词歌赋，千古词帝。公元975年十一月，北宋大军攻陷江陵，李煜降，南唐亡。次年去世。其在位15年，终年42岁。

五十四、十国·北汉

（951年—979年）

公元951年正月，后汉河东节度使刘崇于太原自立为帝，国号汉，史称北汉。北汉依附于辽，对辽自称侄皇帝。辖地有今山西中部和北部。北汉传4主，历29年，都太原，公元979年五月灭于北宋。

1. 世祖刘旻（mín）

公元951年正月十六，后汉高祖刘知远之弟、河东节度使刘崇在晋阳登基称帝，国号汉，史称北汉。北汉所控之地仅十一州，地贫民弱，刘崇便与辽国结盟，辽册封其为大汉神武皇帝，刘崇改名刘旻。有契丹骄兵相助，刘旻大举进攻后周被击溃，死伤甚重。次年复战复败，加之供奉辽朝，赋税加重，大批民众逃往后周。后又数次犯后周，几乎亡命战场。公元954年十一月刘旻病逝，其在位4年，终年60岁。

2. 睿宗刘钧

刘旻去世，其次子刘钧即位，称辽主为父皇帝。刘钧孝顺谨慎，勤于政事，喜欢读书，减少战争，爱护人民，境内大致平顺。公元968年七月刘钧去世，其在位15年，终年43岁。

3. 少主刘继恩

刘钧去世，曾收为养子的外甥刘继恩嗣位。刘继恩即位60多天后被供奉官侯霸荣所杀，生年不详。

4. 英武帝刘继元

刘继恩被害，宰相郭无为拥刘钧另一养子、刘继恩同母异父弟刘继元嗣位。时北汉依仗契丹与北宋抗衡。刘继元对内听信谗言诛杀大臣，排斥贤能，宠信宦官，政事混乱；对外称契丹为父，以抗北宋，在儿皇帝座上残喘。公元991年正月，北宋太宗亲征北汉，接连大破援汉辽军，使辽军不敢南下。同年五月五日刘继元降宋，北汉亡。刘继元在位12年，公元991年十二月去世，生年不详。

五十五、辽

（916年—1125年）

公元916年二月初一，契丹可汗耶律阿保机自立为皇帝，是为辽太祖。契丹为我国北方古老民族，北魏、北齐时受到重创，后臣服于隋而得以恢复。唐末国势衰微，契丹族日益强盛。立国即遇儿皇帝石敬瑭献上燕云十六州而洞开袭扰中原大门，于公元947年正月攻占开封，残暴烧杀抢掠夷古都及周边为平地。后景宗、圣宗时，很有远见的萧太后参政，广取汉人统治经验，政治清明，经济发展。其后策略失当，征夏失利，叛乱频起。时东北女真族迅速兴起建立金国，金宋联手，辽帝被擒。辽以牧业为传统产业，马牛羊驼渔猎兴旺；自燕云十六州并入，农业快速发展；随着汉化进程加快，手工业、商业、城镇都有长足发展。建国始创文字，以契丹语和汉语为官方语言。辽传9帝，历210年，始国号大契丹，公元918年建都皇都

（今内蒙古巴林左旗境内），公元947年改国号大辽，公元983年复国号大契丹，公元1066年又改称大辽，公元1125年二月为金所灭。

1. 太祖耶律阿保机

公元916年三月十七日，已经在契丹可汗位10年的耶律阿保机，自称大圣大明皇帝，国号契丹。31年后其子耶律德光改国号辽，史称辽。耶律阿保机出身契丹上层，内乱中练就超人胆识和谋略，31岁时统揽契丹联盟军政大权，36岁成为可汗。之后在诸弟之乱中东平西荡，彻底巩固了自己地位。称帝后仿汉制修建皇都，拜谒孔庙，创建文字，制定法律，建立行政机构，大力发展农业畜牧业，重视发展冶铁、纺织等手工业，政治、经济、文化都有一定发展。政权稳固以后，耶律阿保机开始新一轮南征北战，南收朔州武州等地，东灭渤海国，西越阴山，辽国版图迅速扩大。公元926年七月，耶律阿保机病逝，其在位11年，终年55岁。

2. 太宗耶律德光

公元927年十一月，太祖耶律阿保机次子耶律德光继承皇帝位。依辽之制，耶律德光本来无缘帝位，

五十五、辽

但英明果敢的母后述律平，认为长子过于文弱不适合君临天下。述律平经过一番清洗和自我断腕，终于为耶律德光称帝扫平了道路。称帝后，耶律德光继承父志，征战南北，开疆拓土，改皇都为上京，辽阳为东京，幽州为南京，建立以国制治契丹、以汉制待汉人制度，设立南面官管理幽云十六州汉人，北面官管理契丹民族。改善奴隶待遇，改辽地宜农牧场为农田，劝导百姓耕种，社会治理从奴隶制向封建制转化。耶律德光还以石敬瑭敬献的幽云十六州为突破口，大肆发兵中原，并于公元947年正月初一灭石敬瑭子孙攻占开封，二月初一在开封举行朝贺大典，以实际行动和政绩证明了母后的英明和自己的才能。公元947年四月二十二日，耶律德光病逝，其在位21年，终年46岁。

3. 世宗耶律阮

太宗耶律德光去世在行军途中，从征诸将经过商议，拥立随军征战的耶律德光侄耶律阮继承皇帝位。耶律阮仿汉制设置北枢密院掌军政大权，采取胡汉分治、因俗而治等制度，汉地设立三省六部，选汉人为官，国家治理比较正规。公元951年应北汉刘崇请求，耶律阮率大军南下助北汉攻打后周。同年九月四日晚，耶律阮在宿营地醉酒归帐，被燕王耶律察割刺杀。其在位5年，终年34岁。

4. 穆宗耶律璟

世宗耶律阮在行军途中被刺；将士拥立耶律璟为帝。耶律璟为太宗耶律德光长子。初即位以耶律屋质、耶律达烈为大臣，均赋役，劝农耕。农业手工业稍有起色。但时政不稳，叛乱不断，耶律璟专心致力平叛。政局稳定后，其残暴昏庸显露无遗。饮酒连日达旦，游猎不分春夏秋冬，赏罚率性而为，基本不理朝政。晚年视人命如草芥，嗜杀无度，酒后更甚，无人敢近。公元969年二月二十二日，游猎黑山狂饮大醉的耶律璟夜半又大发脾气，情急中被近侍小哥等六人刺杀。耶律璟在位19年，终年39岁。

5. 景宗耶律贤

穆宗耶律璟被刺，22岁的耶律贤即位。耶律贤为世宗耶律阮次子。耶律璟无子，视耶律贤为己出而从四岁就养于宫中，并请优秀汉人和契丹人教导，使耶律贤受到良好教育，并自幼对中原汉文化心生敬仰。接手耶律璟折腾下的烂摊子，他以巩固皇权为入口，处死手握重兵的权臣，任用契丹贵族萧思温和汉臣高勋力为北南两院枢密使，实施重用汉臣、仿照汉制、

五十五、辽

强化管理的策略，内部稳定，政治清明，宽刑减罚，将相和谐，农业丰收，牧业兴旺，百姓富足，人口繁盛。耶律贤还确立了皇长子继承皇位制度，带领辽国走向中兴。公元982年九月二十四日，耶律贤病逝于狩猎途中，其在位14年，终年35岁。

6. 圣宗耶律隆绪

景宗耶律贤临终前，嘱咐心腹大臣拥长子耶律隆绪继承皇位、萧太后摄政。于是，耶律隆绪顺利登基称帝。时耶律隆绪12岁，萧太后不满30岁。在众臣觊觎皇位、周边敌国虎视眈眈的形势下，年轻母子充分施展政治才能，任用贤臣能将，信任汉臣韩德让，交由其掌握辽国大半军权，以巩固耶律隆绪母子执政地位。萧太后严格管教耶律隆绪，促其习文练武，学习管理执政，带其率兵出征，使其羽翼丰满，文武称雄。如此27年后，萧太后去世，39岁的耶律隆绪亲政。天资聪颖，长期磨炼，耶律隆绪已经成为成熟的政治家，并以学唐比宋为目标。他颁行《五经传疏》，要求官员学习《贞观政要》；扩大科举范围，在汉人中开科取士；改革部族编制，改俘虏与奴隶为部民，彻底消除奴隶制残余；施行同罪同罚，各民族一律平等，大大改善民族关系，将辽国带入鼎盛。公

从 **始皇登极** 到 **宣统退位**
——中国 363 位皇帝更迭速览

元1031年六月三日耶律隆绪病逝，其在位50年，终年61岁。

7. 兴宗耶律宗真

圣宗耶律隆绪去世，16岁太子耶律宗真继承皇帝位，其生母萧耨斤自封为太后，总揽军政大权。耶律宗真生性放荡，其母更是狠毒阴险。摄政后害死萧太后，提拔前朝罢黜贪官。耶律宗真虽不勤政，也难忍其母专横，母子矛盾升级，萧耨斤伙同外戚谋划废帝，耶律宗真抢先下手，始得亲政。可惜耶律宗真难改积习，故病加重，贪图享乐，重用奸佞，内政腐败，军队衰弱，百姓困苦，国事衰败。公元1055年八月初四耶律宗真病逝，其在位25年，终年40岁。

8. 道宗耶律洪基

兴宗耶律宗真去世，长子耶律洪基奉遗诏继承皇帝位。耶律洪基即位之初，广求真言，寻求治国之策，劝农兴学，救灾解困，似有作为。然为人昏庸，不辨忠奸，宠用之臣耶律重元整天谋划杀君取代，另一奸臣耶律乙辛诬告太后，暗杀太子罪大恶极。事情败露奸臣虽然被诛，然皇室内部四分五裂，皇家根基已被撼动。耶律洪基并未因此醒悟，仍沉迷酒色，不思朝政，致使满朝群邪并兴，奸小竞进。公元1101年正月十二日耶律洪基病逝，其在位47年，终年70岁。

9. 天祚帝耶律延禧

道宗耶律洪基病逝，其孙耶律延禧奉遗诏即位。耶律延禧目无国政，纲纪废弛。信用萧奉先等佞臣，自己穷奢极欲，拒谏饰非，一味游猎享乐，朝中变乱接连不断，人民起义此伏彼起，各部族首领纷纷起兵反辽，辽统治趋于崩溃，在女真大军攻击下屡战屡败。公元1125年二月被金将完颜娄室俘虏，辽亡。公元1128年耶律延禧病逝，其在位25年，终年54岁。

五十六、北宋

（960年—1127年）

公元960年正月，后周殿前都点检赵匡胤发动陈桥兵变，夺取后周政权建立宋朝，都开封。为别于靖康之耻后建都临安（今浙江杭州）的南宋，史称建都开封的宋朝为北宋。北宋建立，首先致力于平定叛乱和消灭割据势力，先后平定李筠、李重进叛乱，攻取荆湘、后蜀，收吴越、泉漳，平南唐，灭北汉，基本消灭了主要割据势力。其间及其以后，杯酒释兵权，加强皇权，高梁河之战，澶渊之盟，降"天书"，献"祥瑞"，屡封禅，以及庆历新政，王安石变法，新旧党争，巨奸蔡京，靖康之耻等，伴随北宋走向终点。整体而言，北宋积弱积贫，长久向北方各政权输帛纳贡，难以让国民扬眉吐气。然处于相对稳定发展时期，农业、手工业、商业、货币、科学、技术、医学，以及城市发展水平，在当时世界首屈一指。而教

五十六、北宋

育、哲学、史学、文学、艺术总体水平超越前代。尤其是古文运动，宋词，司马光《资治通鉴》，一周二程理学等，以及范仲淹、欧阳修、苏轼等文学大家，成就巨大而影响深远。北宋传9帝，历168年，都开封，公元1127年二月灭于金。

1. 太祖赵匡胤

公元960年正月初二，后周归德军节度使、摄理太尉、殿前都点检赵匡胤陈桥兵变。正月初五，赵匡胤以即位不久的后周恭帝柴宗训禅位而登基，都开封，国号宋，史称北宋。赵匡胤公元927年生于河南洛阳，小时用功读书，勤习骑射，双双出众。时家道中落，赵匡胤21岁离家闯荡。三年后在后汉枢密使郭威手下当一名小兵。次年郭威政变建立后周，赵匡胤得以负责禁军。后柴荣即位，选拔其到中央禁军任职。在同后汉高平大战中，赵匡胤力挽败局，声名大振，授权整顿禁军而广获将领支持。与南唐战役中获取江北十五州，晋升为忠武节度使兼殿前都指挥使，直到黄袍加身。称帝后厚待后周旧臣，坚决打击叛将；杯酒释兵权以保皇权稳定，坚定不移消灭割据势力统一全国；废除支郡，文臣任知府，三年一轮岗，州郡置通判，削地方财权；改革科举制度，放宽科考范围；下令修复孔庙，发扬孝道文化，量才任用文臣武将。先后灭荆南、后蜀、南汉及南唐等南方割据政权，为身后北宋统治打下良好基础。公元976年十月十九日，赵匡胤病逝。其在位17年，终年50岁。

2. 太宗赵匡义

公元976年十月二十一日，赵匡胤弟赵光义继位称帝。赵光义为其兄称帝立下大功，赵匡胤登基即封其为殿前都虞候。后加官至开封府尹、晋王，位列宰相之上。即位后削吴越、南闽国号，于公元979年五月灭北汉，结束五代十国割据局面。他完善典章制度，严格科举考试，扩大取士规模，修建崇文院，编纂《太平广记》《太平御览》《文苑英华》，广泛选贤任能，严格约束宦官。积极发展生产，社会呈现繁荣景象。然其刻薄寡恩，杀侄诛弟，猜忌将帅，重文轻武，致使北宋积弱难振。公元997年三月二十九日，赵光义病逝，其在位22年，终年59岁。

3. 真宗赵恒

太宗赵匡义去世以后，30岁太子赵恒即位。赵恒似有发愤图强雄心，广开言路，整顿吏治，解决机构臃肿、贪污腐败、科举作弊等问题，重视发展农业，广兴

五十六、北宋

屯田，奖励垦荒，减免赋税，赈济灾民，商业手工业大有长进，经济有较大发展。然深宫长大，优柔懦弱，与辽国澶渊之盟，始开纳贡，加重人民负担。后期用人失察，王钦若等小人把持朝政，蛊惑其热衷祥瑞，迷信封祀，伤财劳民，加深社会危机。公元1022年二月十九日，赵恒去世，其在位26年，终年55岁。

4. 仁宗赵祯

赵恒去世，13岁太子赵祯即位，刘太后垂帘听政12年，几无政绩。赵祯生性宽厚，不事奢华，以仁治国，知人善任，提拔贤士，名臣辈出；善于纳谏，善待忠臣，鼓励农桑，倡导教育，兴盛文化，发展科技，经济繁荣，社会安定。在位期间三年宋夏战争，结局向夏纳贡；辽国借机大兵压境，迫使增输岁币；立志改革，推广新政，因反对势力掣肘无果而终。1063年三月二十九日赵祯病逝，其在位42年，终年54岁。

5. 英宗赵曙

公元1063年四月初一，太子赵曙登基称帝。赵曙为赵祯养子，其父为赵祯堂兄赵允让。赵允让父为真宗赵恒弟赵元份。赵曙多病，初由曹太后临朝，次年五月亲政。赵曙继续任用仁宗时的改革派重臣韩琦、欧阳修等人，朝政稳定。他自幼孝顺，喜好读书，节俭朴素，仁厚慈善，体臣爱民，臣下启奏必察原委古制，重大裁决广听朝臣忠言，尤以注重文化、设专局拨专款修《资治通鉴》为世称道。公元1067年正月初八，赵曙病逝，其在位5年，终年36岁。

6. 神宗赵顼

英宗赵曙去世，太子赵顼即位。时年20岁的赵顼不置宫室，不事游幸；求直言，查民隐；恤孤寡，务农兴学，慎罚薄敛，励精图治，锐意改革，胸怀开启一代盛世抱负。面对积贫积弱日益严重，社会矛盾不断激化的现实，临朝即下求言诏，与王安石掀开"熙宁变法"大幕。可惜新法推出甚密难免漏洞，推行甚急朝野难以执行，加之皇族不赞成，老臣不给力，社会难认同，使矛盾有增无减。赵顼不得不两次罢相而独自改制。然天不假年，公元1085年三月五日赵顼病逝，其在位19年，终年38岁。

7. 哲宗赵煦

神宗赵顼去世后，9岁太子赵煦即位。太皇太后垂帘临朝。高太后尽废新法而恢复旧制，司马光为相贬抑新法党人，朝臣往往专心致志向太后面奏而忽视幼

五十六、北宋

主，给心胸狭隘的赵煦留下阴影。8年后高太后去世赵煦亲政，心中阴影迅速放大，党籍祸起，君子尽斥，朝政日敝。然赵煦恢复部分新法，减轻农民负担，国势稍有起色；停止与西夏谈判，支持对西夏用兵，迫使西夏停战乞和，实属难得政绩。公元1100年正月十二日，在位16年，年仅24岁的赵煦病逝。

8. 徽宗赵佶 (jí)

哲宗赵煦无子，去世后向太后诏令赵煦弟端王赵佶继承皇帝位。赵佶自幼聪明过人，然不喜儒家经典，不思齐家修身，精于笔墨纸砚，通于踢球斗横。承兄继位，身为皇帝，胸无社稷苍生，一切只以一己私欲为重。昏庸放浪，倚重阿谀大奸蔡京，宠信首恶宦官童贯，专用高俅之类利欲熏心小人，一任党争加剧，悉数加害放逐忠臣；加重民难，强收民田，迫使农民成为佃户流寇；荒淫奢靡，大兴土木为己修建延福宫，不择手段举国搜刮奇珍异宝；沉迷邪术，大建宫观，宣称自己为教主道君皇帝；不担国难，公元1125年十二月金兵南下，为自己顺利出逃禅位于儿子赵桓。次年十月汴京陷落，赵佶被俘，金国封其"昏德公"，公元1135年四月病逝于金国五国城。赵佶在皇帝位26年，终年54岁。

9. 钦宗赵桓

公元1125年十二月二十四日，太子赵桓因其父赵佶禅位登皇帝位。赵桓生活简朴，谨慎勤奋。然时运不济，优柔寡断，才能平庸，忠奸不分，面对强敌只知一味求和、一味进贡。公元1127年正月，赵桓再赴金营乞和，被扣为人质，二月六日被金国废为庶人，北宋亡。公元1156年六月赵桓去世，其在位2年，终年62岁。

五十七、西夏

（1038年—1227年）

公元1038年十月十一日，李元昊在兴庆府自立为帝，国号大夏，史称西夏。李元昊为党项族人，之前黄巢起义时，其首领拓跋思恭参与平叛而被唐朝赐姓李。后经发展，到李元昊祖父李继迁、父亲李德明时，臣服于辽和宋。倚辽之势，得宋实惠，集中力量向西扩张。公元1032年李德明去世，传位其子李元昊。李元昊立国与辽和宋时战时和，进多退少。进为抢掠，退为收贡。公元1048年李元昊在宫廷内斗中被儿子宁令哥刺死。其后外戚长期专权，朝政混乱，时而附蒙攻金，时而联金抗蒙，战略错误，战术失当，衰落之势不可逆转。西夏崇尚佛教，寺院建筑、石窟艺术、西夏文字别具一格。敦煌莫高窟、西夏王陵、青铜峡108塔、西夏文佛经都是极其宝贵的文化遗产。西夏传10帝，历190年，都兴庆府（今宁夏银川市），公元1227年七月为蒙古所灭。

1. 景宗李元昊

公元1038年十月十一日，党项族首领李元昊自立为帝，国号大夏，史称西夏。李元昊祖父李继迁为党项族首领，北宋任其为节度使，后叛宋自立。死后其子李德明袭位，经过十年开拓，成为仅次于辽、宋的一方势力。公元1032年六月李德明去世，李元昊又经过六年准备，始称帝建国。李元昊自幼熟读兵书，精通汉藏文字，作战勇猛，智谋双全。26岁时带兵攻取瓜州、沙洲，势力扩展到河西走廊。继任父位后，李元昊不断强化民族意识，为立国做各种准备。他废除唐宋赐姓改用党项姓氏，下令秃头发、着胡服以别于汉人；创制西夏文字，设立藩文院翻译汉藏典籍，完善军事制度，保证战争用兵。视周边国家强弱而决定向背，连年对弱国用兵，开疆拓土，夺得与宋、辽平等地位，促使宋、辽、西夏鼎立局面形成。晚年，李元昊沉迷酒色，荒疏朝政，夺人之妻，占儿之媳，宠用奸相，酿成大祸。国相没藏讹庞挑唆太子宁令哥夜袭行宫，李元昊被削去鼻子，因流血过多而于公元1048年正月十六日去世，其在位11年，终年46岁。

五十七、西夏

2. 毅宗李谅祚

景宗李元昊去世，太子宁令哥被杀，没藏太后与其兄没藏讹庞拥立出生11个月的李谅祚继承皇帝位，没藏太后临朝，没藏讹庞专权。公元1061年四月，李谅祚杀没藏讹庞及其家族，始得亲政。他改蕃礼为汉礼，以适应绝大多数党项人和汉人的习惯；变更军州，加强边境军事力量，改变军政合一、各监军司权力集中的弊端；增设蕃汉官职，汉职设立各部尚书、侍郎，使西夏官制趋于完备。统兵攻宋，略地扰民。公元1067年十二月，李谅祚病逝，其在位20年，终年21岁。

3. 惠宗李秉常

毅宗李谅祚去世，8岁太子李秉常继承皇帝位，母梁太后摄政，母弟梁乙埋专权。梁氏姐弟为转嫁国内矛盾、提升自己威信，连年发动对宋战争。公元1076年李秉常16岁亲政，表示对母后专权不满而被母后囚禁。其后，因为众将对抗，梁氏兄妹才于公元1083年六月复李秉常位。其后梁太后去世，皇族与统治集团内部矛盾激化，软弱无力、束手无策的李秉常陷于忧愤，于公元1086年七月十日病逝，其在位20年，终年27岁。

4. 崇宗李乾顺

惠宗李秉常去世，4岁太子李乾顺即位，母后梁氏与舅父梁乞逋辅政。梁氏兄妹倚仗一门二后威势，拉拢朝臣，飞扬跋扈。公元1094年梁氏兄妹反目，太后杀兄，李乾顺借辽朝势力诛杀太后，始得亲政。他调整外交策略，附辽和宋，设计诛杀拥兵重臣收回兵权，选贤任能巩固国政；尊汉礼，崇儒学，减赋税，修水利，重农桑，固国基。然外部格局大变，金国崛起，西夏臣服，李乾顺乘金军攻宋之机发兵南下，夺占宋大片土地。公元1139年六月四日李乾顺去世，其在位54年，终年57岁。

5. 仁宗李仁孝

崇宗李乾顺去世，长子李仁孝以太子继承皇帝位。李仁孝结好金国，稳定外部局势；重用文化程度较高的汉臣和党项大臣主持国政；制定新律，使其包括刑法、诉讼、民事、婚姻、经济、行政等诸多内容，成为西夏以至当时世界最为完整的法典。新法颁布，李仁孝明令严格执行，使群臣敢直言，官民依法行。李仁孝反对奢侈，减轻地租赋税；设立各级学校，广泛推行教育和科举考试，选拔德才兼备官吏；

五十七、西夏

尊重儒学，修建孔庙，尊孔子为文宣帝，建翰林院，修历朝实录，重视礼乐，尊尚佛教。然重文轻武，军备废弛，晚年国家开始走下坡路。公元1193年九月二十日李仁孝病逝，其在位54年，终年70岁。

6. 桓宗李纯祐（yòu）

仁宗李仁孝去世，长子李纯祐以太子继承皇帝位。时年李纯祐17岁，临朝即沿袭其父政治方针和外交政策，对外附金和宋，对内安国养民，一切比较平顺。然此时漠北草原蒙古突起，严重威胁西夏安全。而更让李纯祐始料不及的是，镇夷郡王李安全反叛谋位。时李纯祐叔父越王李仁友去世，其子李安全上表请求袭爵，李纯祐未许而降封李安全为郡王，李安全遂结党太后发动政变，于公元1206年正月二十日废李纯祐而自立。同年三月，李纯祐暴卒于宫中，其在位14年，终年30岁。

7. 襄宗李安全

李安全伙同太后发动政变废李纯祐后自立为皇帝。李安全为崇宗李乾顺孙，其父为仁宗李仁孝族弟李仁友。李安全昏庸无能，鲜耻寡恩，篡位后破坏与金国的友好关系，发兵侵金而挑起绵延战争，归附蒙

从 **始皇登极** 到 **宣统退位**
——中国 363 位皇帝更迭速览

古但蒙古以灭夏为目标，大军围困兴庆府，李安全献女乞和，损兵折将，丧权辱国。公元1211年七月三日，宗室齐王李遵顼发动政变废李安全，同年七月四日李安全去世，其在位6年，终年42岁。

8. 神宗李遵顼

李遵顼发动政变废李安全后自立为帝。李遵顼为宗室齐王李彦宗子，少时聪颖，博览群书，桓宗朝科举廷试进士第一，为中国史上唯一一位状元皇帝。然其治国理政格格不入，而且自取灭亡。他一味承袭李安全附蒙古伐金国政策，而且从登基称帝开始，伐金没有间断。这种自杀性对外战争自耗实力，坐失时机，协助蒙古强大，迫使自己失血。其后在满朝怨声和蒙古威逼下，李遵顼于公元1223年十二月传位于次子李德旺。公元1226年五月李遵顼病逝，其在位13年，终年64岁。

9. 献宗李德旺

从父皇手中接过烂摊子，李德旺竭尽全力。受命之初，念战祸使生灵涂炭而首罢用兵，纳忠谏之言思谋良臣，交受害之国以期结盟。然此时金主已经困于蒙古军中，自身难保；抗蒙是唯一选择，但前朝在与

五十七、西夏

金国交战中兵竭粮尽，回天无力。不堪惊扰的李德旺
于公元1226年七月病逝，其在位4年，终年46岁。

10. 末帝李睍（xiàn）

　　献宗李德旺病逝，群臣拥立李睍为帝。李睍为神
宗李遵顼孙、献宗李德旺侄。即位次月蒙古大军破夏
州，围灵州，进而围困都城中兴府。直到次年六月，
强烈地震来袭，西夏皇都宫室屋舍塌毁，瘟疫流行，
困守半年的中兴府粮尽援绝。公元1227年七月，蒙古
军进入中兴府，李睍降，西夏亡。不几日，末主李睍
被杀，其在位1年，生年不详。

五十八、金

（1115年—1234年）

公元1115年正月初一，女真族都勃极烈（联盟最高长官）完颜阿骨打自立为帝，国号金。女真原居住黑龙江流域，几经发展，至完颜阿骨打时，由氏族社会开始向国家转变。借助抗辽胜利的东风，处在氏族社会废墟上的女真族建立起了一个新的奴隶制国家。其后在很短时间内灭辽，灭北宋，与南宋对峙，武力可谓辉煌。然所到之处，杀戮生灵，劫掠财物，驱虏妇女，焚烧房舍，充分释放奴隶制的野蛮性，使北方汉地惨遭破坏。其前几任注重改革，完善典章制度，在汉地实行科举考试，录用汉人为官，严禁变农民为奴隶，促进奴隶制向封建制过渡。后期朝政腐败不堪，一直处在内外交困之中。金传9帝，历120年，始都会宁（黑龙江阿城），后迁中都（今北京）、开封等地，公元1234年正月为蒙宋联军所灭。

五十八、金

1. 太祖完颜阿骨打

公元1115年正月初一，女真族大酋长完颜阿骨打诏令天下，正式称帝，国号金，都会宁（今黑龙江哈尔滨市阿城区）。完颜阿骨打祖上为生女真之完颜部，曾居于松花江以北。完颜阿骨打自小骁勇善战，力大无穷，一箭能够射出320步。他自小随父兄征战，实践中练就杰出军事才能，年轻时就任生女真部落联盟首领。从那时候就开始积蓄力量，为反抗辽国剥削压迫做准备。公元1114年九月，完颜阿骨打率2500将士重挫辽军10万精兵。辽天祚帝统领70万大军围剿阿骨打，完颜阿骨打率2万将士与之周旋，瞅准机会大败辽军，一天追逐天祚帝逃奔500里，为灭辽创造了条件。完颜阿骨打称帝后，铲除弊政，锐意改革，规定民无贵贱，一律平等，保证税收，扩大兵源；革除传统婚俗，严禁同姓婚姻；创制文字，收集保存各种文献典籍；改革兵制，战时作战，不战务农；发展生产，交流移民，进行系列改革，促进女真族政治、经济、文化、军事各方面向封建制度过渡。公元1123年八月，完颜阿骨打病逝，其在位9年，终年56岁。

从 **始皇登极** 到 **宣统退位**
——中国 363 位皇帝更送速览

2. 太宗完颜晟（shèng）

公元1123年九月，太祖完颜阿骨打四弟完颜晟继承皇帝位。完颜晟协助其兄统一女真，征战辽国，治理国政，是完颜阿骨打的主要助手。完颜晟继位以后，接连发起灭辽战争，于公元1125年灭辽，并以武力迫使西夏称臣。后大举向宋用兵，1126年破宋都汴京，次年虏宋徽、钦二帝，灭亡北宋。接着又大举进攻南宋，连连得胜。完颜晟依据宋、辽旧制建立中央政府，完善各项典章制度，在汉地依靠汉人管理，实行科举考试，录用汉人为官；建立赋税制度，严禁官员贵族私役百姓；迁女真人到内地，劝稼穑，轻赋役，恢复农业生产；不建宫殿，不喜奢靡，法度详明，世有好评。公元1135年正月完颜晟去世，其在位13年，终年61岁。

3. 熙宗完颜亶（dǎn）

太宗完颜晟去世，完颜亶继承皇帝位。完颜亶父完颜宗峻为太祖完颜阿骨打第二子。两年前，太宗完颜晟诏立完颜亶为谙班勃极烈，从而确立了完颜亶继承皇位的合法地位。完颜亶小时候随汉人学习汉文经典，能用汉字赋诗作文，喜欢汉人礼乐服饰，继任后

五十八、金

进行一系列汉化改革。他尊孔养士，重用汉族知识分子；改多种权力交叉的勃极烈官制为汉官制，制定新的礼仪制度，参考宋律制定新的《皇统法》；下令女真人南迁，同中原汉人杂居，进行屯田，严禁变农民为奴隶，收废地荒地分给农民耕种。在武力征讨南宋无果时，主动与南宋议和，册封宋朝皇帝，收取宋朝纳贡，实现边境和平。然大兴土木，好色残暴，命全国未婚女子侍寝，屡行大狱处死元老，酗酒日甚，不理朝政，给他人可乘之机。公元1149年十二月九日，完颜亮率众闯宫杀死完颜亶。完颜亶在位15年，终年31岁。

4. 废帝完颜亮

完颜亮弑杀熙宗完颜亶而篡位称帝。完颜亮为太祖完颜阿骨打庶长子完颜宗干之子。他自幼英俊潇洒，深沉有计谋，很早就在朝中做官。1148年，熙宗完颜亶封完颜亮为右丞相、都元帅、太保。后来，完颜亮与皇后勾结架空完颜亶，直至杀君篡位。篡位称帝后他励精图治，厉行革新，鼓励农业，整顿吏治，印钞铸钱，完善财政，推行汉化，强化中央，有所作为。而残暴狂傲，淫恶不堪，杀人如麻，骇人听闻。即位先向太宗完颜晟一脉开刀，杀其子孙后代70余人，直到斩尽杀绝。之后刀锋又指向其他皇族，众多宗室大臣被灭满门。尤以荒淫不择骨肉、刑杀不问罪责、耗费不恤民力，实为罕见。公元1161年十一月二十七日，在统兵南下攻宋时，被兵马都统领耶律元宜等刺杀，后废为庶人。完颜亮在位13年，终年40岁。

5. 世宗完颜雍

完颜亮被杀四十多天前的公元1161年十月八日，部属拥立完颜雍在东京（今辽宁辽阳）登上皇帝位。同年十二月十九日，完颜雍领兵入中都夺取中央政权。完颜雍为太祖完颜阿骨打三子完颜宗辅子。他能文能武，在上层贵族中有较高威望。完颜亮诛杀宗室大臣，完颜雍以忍气吞声、低调行事、进献珍宝而免受屠戮。称帝后，他修德政，肃纲纪，揽英雄，收民心。初继位，下诏讨伐完颜亮，厚葬被屈杀的宗室大臣，恢复他们的爵位，安定上层人心；广开渠道推选官员，重视通过科举选拔人才，及时免除德行低劣庸碌无为官吏；竭力提倡节俭，自己不穿丝制龙袍，减降后宫膳食，下令释放宫女，减免农民赋税，颁发免奴为良诏令，鼓励垦荒种田，注重兴修水利，预防黄河水患，大力发展农业、畜牧业，使府库充盈，农民生活改善，社会安定。公元1189年正月初二完颜雍病逝，其在位29年，终年67岁。

五十八、金

6. 章宗完颜璟

　　世宗完颜雍去世当日，皇太孙完颜璟继承皇帝位。完颜璟父完颜允恭为完颜雍第二子，于公元1185年去世，次年完颜璟被立为皇太孙。完颜璟在位期间，废除奴隶制度，连同寺院控制的契丹奴婢也全部释放。进一步限制女真特权，保护封建农业，减少围猎次数，允许番汉通婚；尊重孔子，修缮孔庙，完善科举，增设宏词科以取非常之士；健全礼制，编成《大金仪礼》，修备法典，完成《明昌律义》。然后期多与文士饮酒赋诗而怠于朝政，重用外戚致使政风下滑，安于现状导致军事弛懈，加之水旱蝗灾频发，黄河三次决口，社会矛盾增加。公元1208年十一月，完颜璟病逝，其在位20年，终年41岁。

7. 卫绍王完颜永济

　　章宗完颜璟去世，因其无子，传位于叔父完颜永济。完颜永济为世宗完颜雍第七子，自幼懦弱，平庸无能，胸无成见，却能呈现一副老成持重面貌。完颜璟传位于完颜永济，主要是看重完颜永济诚实，希望完颜永济能传位于自己两个尚未出生的孩子。完颜永济即位后，即刻立自己儿子为皇太子，接连诛杀完

从 **始皇登极** 到 **宣统退位**
——中国 363 位皇帝更迭速览

颜璟两个有孕之妃。完颜永济不善用人，而且忠奸不分。时蒙古各部已经统一，成吉思汗多次率兵来攻。被委以右副元帅之职、负责中都北面防务的胡沙虎不理政务，一味游猎。完颜永济派使臣督促，就此惹怒胡沙虎。胡沙虎拥兵反叛，于公元1213年八月二十六日将完颜永济毒杀。完颜永济在位6年，终年46岁。

8. 宣宗完颜珣

公元1213年九月，毒杀完颜永济之权臣胡沙虎，拥立章宗完颜璟异母兄完颜珣继承皇帝位。完颜珣并无治国之才，又无识人之能，理政措施连连失误，招致全国危在旦夕。时外有蒙古大军压境，内有权臣胡沙虎把持朝政，完颜珣一筹莫展。后术虎高琪杀死胡沙虎，完颜珣任其为相。术虎高琪滥权营私，残害忠臣，完颜珣同其合污。时蒙古大军进犯，在与蒙古议和后，完颜珣为避蒙古锋芒决意迁都，在全国造成重大混乱；执意与西夏断交，又增加了新的敌人；打压忠臣良将，引发多地叛乱；攻打南宋无有进展，深陷南北夹击之中。公元1223年十二月二十二日，完颜珣病逝，其在位11年，终年61岁。

五十八、金

9. 哀宗完颜守绪

宣宗完颜珣去世第二天，完颜守绪挫败兄长完颜守纯的夺位阴谋即位称帝。完颜守绪为完颜珣第三子，在太子父子相继去世后，完颜守绪被立为太子。受命于危难，完颜守绪整顿朝纲，肃整法纪，广开言路，选贤任能，和宋合议，联络西夏，鼓励抗敌，收复失地。然蒙古大军势如破竹，完颜守绪回天无力。完颜守绪逃离汴京后到达蔡州，蒙古和宋夹击。公元1234年正月初十，混乱之中完颜守绪传位于宗室完颜承麟。次日，蒙古和宋联军破城，完颜守绪自缢，完颜承麟也死于乱军，金亡。完颜守绪在位12年，终年37岁。

五十九、南宋

（1127年—1279年）

　　公元1126年十月，金兵围困开封。在这危急关头，钦宗赵桓诏令康王赵构为河北兵马大元帅勤王。赵构以大元帅旗号招兵买马并率之南逃，于次年五月在南京应天府（今河南商丘南）登基称帝。后建都临安（今浙江杭州），史称南宋。赵构立国，为恐抗金而招回父、兄徽、钦二帝，便以重用奸相佞臣、向金称臣纳贡、打击主战将领为方略。于是，李纲、韩世忠、岳飞等名将被杀被黜，奸相秦桧擅权达18年。孝宗赵昚虽有起色，然赵构在太上皇位置长达26年，基本与赵昚执政年月相始终，其左右掣肘，使赵昚也难有大的作为。在此之后，南宋昏君辈出，长期把持朝政的史弥远、贾似道奸坏甚于秦桧，南宋社会可想而知。唯教育很有发展，书院后世有名，李清照、陆游、辛弃疾诗词传世。北方士大夫和工匠南迁，南方

五十九、南宋

经济开发进一步深化。南宋传9帝，历153年，都临安，公元1279年二月为元所灭。

1. 高宗赵构

公元1127年五月一日，赵构在南京应天府（今河南商丘）登基称帝。后迁都临安（今浙江杭州），史称南宋。赵构为北宋钦宗赵桓之弟、徽宗赵佶第九子。赵构胸无大志，人无胆略，昏庸无能，偏安江南，只知颠沛流离躲避金兵，卑躬屈膝侍奉金主，一味向金割地称臣。他对忠臣李纲、韩世忠、岳飞等残酷加害，对奸臣秦桧之流百般信任，只谋偏安一隅供自己享乐，不求抗击外敌让人民安宁。公元1162年六月，在位36年的赵构传位于赵昚，自己在太上皇位置上26年。公元1187年十一月九日赵构病逝，终年81岁。

2. 孝宗赵昚（shèn）

高宗赵构禅位，赵昚于公元1162年六月二十四日登极。赵昚为太祖赵匡胤少子赵德芳六世孙、季王赵子偁子。高宗赵构无子，赵昚6岁时被选入皇宫。公元1162年五月二十八日，赵构册立赵昚为皇太子，次月即位，时年36岁。赵昚勤于政事唯恐有失，振兴南宋唯恐不及。初即位，即选拔能将，平反冤狱，昭雪厚

从 **始皇登极** 到 **宣统退位**
—— 中国 363 位皇帝更迭速览

葬岳飞父子，朝野为之一振。然此时南宋已无能臣干将，又有太上皇长达26年、几乎同他执政时间相等的左右掣肘，以忠孝为本的赵昚很难有大的作为。北伐小胜而无大进，屈辱称臣几无改观。赵昚内政上限制相权，缩短任期；强化监察，打击腐败；限制宦官外戚干政，裁汰冗官冗员，推行义兵制度。经济上重视生产，劝课农桑，减轻税赋，兴修水利；文化上提倡百花齐放，理学、新学、蜀学同时繁荣，谥苏轼为文忠公，朱熹、陆游、范成大、辛弃疾名人相济，南宋一时透露生机。公元1189年二月初二，在位28年的赵昚禅位于太子赵惇，于公元1194年六月九日病逝，终年68岁。

3. 光宗赵惇

孝宗赵昚禅让，43岁太子赵惇即位。赵惇并无安邦治国之才，又有严重疾病缠身，加之信谗言，无主见，优柔寡断，反复无常，给执掌朝政的李太后无限空间。李太后重用外戚，贬黜辛弃疾等能干大臣，千方百计离间皇上父子关系，毫无善举可点。公元1194年六月，孝宗赵昚病逝，作为儿子的赵惇不愿主持葬礼。大臣上奏，太皇太后吴氏主持，于同年七月让赵惇禅位于皇太子赵扩。公元1200年九月十七日赵惇病

五十九、南宋

逝，其在位6年，终年54岁。

4. 宁宗赵扩

光宗赵惇退位，太皇太后吴氏及大臣赵汝愚、韩侂（chà）胄拥27岁太子赵扩登基。赵扩虽仁厚，但无主见，终朝先有韩侂胄、后有史弥远两位奸臣主政，御史台、谏院均被韩侂胄、史弥远党羽把持。他们进谗言，诬贤臣，害忠良，挑战事，发起党锢之祸，朝政混乱黑暗，几乎无善可陈。公元1224年闰八月赵扩病逝，其在位31年，终年57岁。

5. 理宗赵昀（yún）

公元1224年闰八月宁宗赵扩病逝，权臣史弥远伙同杨皇后，立赵昀为皇帝。赵扩子悉数夭折，特选赵昀入宫为养子。赵昀为太祖赵匡胤子赵德昭九世孙，父亲赵希瓐并无任何封爵。赵昀即位之后，前十年朝野大权集于权相史弥远，赵昀不问政事，只寄情理学，纵情声色。史弥远死，始理朝政的赵昀立志中兴。他罢黜史党，亲擢台谏，澄清吏治，整顿财政。然仅为昙花一现，不久故态复萌，醉生梦死，沉迷酒色，甚至招妓入宫。朝政任由丁大全、贾似道等胡作非为，长江以北尽入敌手，百姓饱受欺凌。公元1264年十月二十六日，赵

从 始皇登极 到 宣统退位
——中国 363 位皇帝更迭速览

昀病逝，其在位41年，终年60岁。

6. 度宗赵禥（qí）

理宗赵昀去世，太子赵禥继承皇帝位。赵昀无子，选弟赵与芮之子入宫。赵禥身体孱弱，智力低下，大臣建议另谋人选，奸臣贾似道以赵禥低能便于掌控，便大肆周旋，终将赵禥扶上皇帝宝座。赵禥智商低下，治世无能，荒淫却史上有名。他整日宴坐后宫，与嫔妃饮酒作乐，批答公文也交四名宠妃代劳，并美其名曰"春夏秋冬四夫人"。赵禥封贾似道为太师，将天下悉数委与奸臣。贾似道也不负君望，尽情专横跋扈，以天下为囊中私物。更为出格的是，贾似道稍有不满，便以辞职要挟赵禥，皇帝赵禥即刻揽起皇袍，屈膝跪拜，涕泪挽留，直到贾似道满意，朝政昏暗难以尽述。公元1274年七月九日赵禥病逝，其在位11年，终年35岁。

7. 恭宗赵㬎（xiǎn）

度宗赵禥去世，其三个儿子均年幼，贾似道进言太皇太后谢氏，以立嫡为名扶4岁赵㬎登皇帝位。谢太皇太后临朝，国事仍集于贾似道。时蒙古铁骑大举南下，局势几近失控。公元1276年二月初五，赵㬎在临

五十九、南宋

安城投降，三月二日被掳北上。1323年四月被元英宗赐死。其在位3年，终年53岁。

8. 端宗赵昰（shì）

恭宗赵㬎北去，同年五月，陆秀夫、伯颜、张世杰等大臣，拥立度宗赵禥长子、8岁赵昰为帝组成流亡政府。公元1276年十月前后，由于元军步步紧逼，张世杰等大臣护卫小皇帝，辗转于泉州、潮州、惠州等地。日夜颠簸惊吓，赵昰于公元1278年四月病逝，其在位不足3年，终年11岁。

9. 末帝赵昺（bǐng）

端宗赵昰病逝，大臣拥立赵昺继承皇帝位，同年六月退至崖山（今广东省新会县南）。赵昺为度宗赵禥第三子、端宗赵昰弟，时年8岁。公元1279年正月元军进攻崖山，张世杰、陆秀夫率军抵抗，被元军击败。次月六日，元军包围崖山，左丞相陆秀夫眼看靖康之耻又要重演，遂背负末帝赵昺纵身大海，南宋在崖山的十万军民也相继投海殉国，南宋亡。赵昺在位十个月，终年9岁。

六十、元

（1206年—1368年）

　　于公元1206年春，蒙古部落首领孛儿只斤铁木真在兼并漠北各部后，被推选为蒙古大汗，尊号成吉思汗，于斡难河（今鄂嫩河）之源称帝建国，国号大蒙古国。成吉思汗一建国，即开始长达半个多世纪的大规模征服战争，铁骑东到朝鲜半岛，西到东欧，建立起空前庞大的世界帝国，在无比广袤的土地上推行蒙古制度。到公元1260年之后的忽必烈时期，西北各汗进一步独立，西域各地基本自行其是。忽必烈推行汉法，改革旧制，立年号，置省部，建国号，确立仿照中原皇朝的中央集权制，使长期遭受战争破坏的中原经济有所恢复。公元1295年以后，内外战争基本停息，汉化改革逐步深入，社会相对稳定。其后统治集团日益腐败，灭亡之势无可挽回。元朝建国初期，黄淮流域农业恢复发展，官营手工业规模和产量超越前

六十、元

代，举世无双的空前统一，促进交通和商业发展。戏曲艺术平地而起，关汉卿、马致远、王实甫均为大家。元传15帝，历163年，公元1235年都和林（今蒙古人民共和国额尔德尼桑图附近），公元1271年忽必烈定国号元，公元1279年都大都（今北京），公元1368年七月被朱元璋灭。

1. 太祖铁木真

公元1206年春，孛儿只斤·铁木真在漠北草原斡难河源头即大汗位，建立大蒙古国，被尊为成吉思汗，后其孙忽必烈定国号为元。至12世纪中叶，久经混战之后，北方大草原上，逐渐形成了蒙古、塔塔尔、乃蛮、克烈、蔑儿乞五大部落。铁木真父亲也速该，为蒙古乞颜部首领。在铁木真9岁时，父亲去世，跟随母亲诃额仑夫人的铁木真，几近过着流浪生活。长大过程及其长大以后，铁木真凭着智慧威猛和艰苦卓越，终于将五大部落归于自己麾下。立国以后被称为成吉思汗以后，铁木真创建完善了一系列国家制度。他以十户百户千户编组部队，建立隶属自己的护卫军；创制文字，颁行法典；设置断事官，负责案件审理，惩治罪犯，清查户口，征收赋税。之后，铁木真灭金伐夏，率军西征，铁骑直达欧洲伏尔加河流域。公元1227年七月十二日，铁木真病逝，其在位22年，终年66岁。

2. 太宗窝阔台

公元1229年九月十三日，太祖铁木真第三子窝阔台继承汗位。铁木真曾指定窝阔台为继承人，但蒙古旧制，大汗须经过库里台大会推选。这其间的两年，由铁木真四子拖雷监国代管。窝阔台小时候，其父铁木真正转战于大草原寻找栖身之所。在之后的战斗中，窝阔台智勇双全，精于政事，能担大任。执政后大赦天下，奉法行事，规范宗室、诸王、首领行为；广设驿站，鼓励通商往来；仿汉制设中书省，形成大将军掌军、断事官掌刑、中书省管行政的三权分立格局，促使蒙古政权由奴隶制向封建制转化；他听取耶律楚材建议，在战争中减少任意屠城和屠杀百姓，禁止贵族掠民为奴，保护农业，恢复生产。窝阔台在位期间，灭金攻宋，一路西征，铁骑踏过莫斯科、匈牙利、布达佩斯，驰骋在多瑙河的冰面，所到之处，屠灭了无数百姓和历史文化古城。公元1241年十二月十一日，晚年溺情酒色、嗜酒如命中风不治的窝阔台去世，其在位13年，终年56岁。

六十、元

3. 定宗贵由

太宗窝阔台去世，窝阔台的皇妃乃马真自己称制达5年之久。其间，为了给儿子贵由创造继承汗位条件，乃马真滥赏宗室和大臣，直到疏通诸位王爷，才于公元1246年秋召开库里台大会，成功推举儿子贵由继承汗位。乃马真称制期间滥行赏赐，法治废弛，政令不一，矛盾重重。贵由亲政后不思易辙，反而大开府库赏赐亲信，不顾多病之躯昼夜沉溺酒色，致使朝政废弛，内外离心。公元1248年三月，在位不足两年的贵由病逝在出巡途中，终年43岁。

4. 宪宗蒙哥

贵由去世后，其皇妃海迷失称制三年。公元1251年七月一日，库里台大会推举蒙哥继承汗位。蒙哥是成吉思汗小儿子拖雷长子，年少英武，曾被窝阔台收为养子。后随军出征，战功卓著。蒙哥即位后规范贵族行为，安抚汉民，镇压起义，废除前代大汗扰民措施，减免赋税，鼓励生产，打击污吏，重开西征和攻宋战争。后在攻宋大战中负伤，于公元1259年八月十一日去世，其在位9年，终年52岁。

5. 世祖忽必烈

宪宗蒙哥去世，远在征宋前线的忽必烈，与南宋议和后挥师北上，在塔察儿等为首的蒙古东道诸宗王及汉人儒臣支持下，抢先在开平召开库里台大会，于公元1260年五月五日称汗。同年六月，在阿速台等西道诸宗王支持下，忽必烈七弟阿里不哥在大蒙古国首都哈拉和林召开库里台大会，即大汗位。忽必烈以汉地丰富的人力、物力、财力为依托，发动了争夺汗位的战争。四年后，忽必烈击败阿里不哥，取得夺位战争的最终胜利。忽必烈为成吉思汗孙、拖雷第四子。他聪明伶俐，很有远见的母亲将他托付在博学多才的耶律楚材身边，让他增长学识；在受命总理漠南汉地军国事务中，忽必烈广结汉族士人，管理汉地大有起色。执政后建元改制，诏告天下不再称汗而称皇帝，采用传统帝王年号纪年，定都燕京，改国号大元；仿汉制设中书省总理政务、枢密院掌管军事、御史台行使检察，地方设立行省，削弱诸王势力，大力劝课农桑，编成《农桑辑要》，完成蒙古族从奴隶制向封建制的转变。公元1294年正月二十二日忽必烈去世，其在位35年，终年80岁。

六十、元

6. 成宗铁穆耳

公元1294年四月十三日，铁穆耳继承皇帝位。铁穆耳是世祖忽必烈之孙，其父真金于公元1273年四月十三日被封为皇太子，12年后去世。公元1293年，忽必烈册立真金第三子铁穆耳为皇太孙，后经诸王大臣拥戴登基。铁穆耳执政基本沿袭旧制，主要臣僚未作大的调整。在位期间停止对外战争，恢复周边睦邻关系；采取措施限制诸王势力，减免部分赋税；修订新编律令，减缓社会矛盾；以战促和，发兵击败西北叛王海都、笃哇等，缓和西北战乱局面。但他滥增赏赐，国库匮乏，货币贬值；未立皇储，埋下日后皇位争夺隐患。公元1307年正月八日铁穆耳病逝，其在位14年，终年43岁。

7. 武宗海山

公元1307年五月二十一日，海山登基称帝。海山为世祖忽必烈曾孙，父为答剌麻八剌。成宗铁穆耳去世，其无嗣且未立储，摄政的皇后卜鲁罕与左丞相阿忽台欲立安西王阿难答。海山弟爱育黎拔力八达发动政变，诛卜鲁罕、阿忽台及阿难答等，拥立海山继承皇位。执政以后，海山大范围封官晋爵，增加赏赐，

推行考课制度，改革钞法，增加税赋，大兴土木，时政、经济雪上加霜。海山于公元1311年正月初二去世，其在位5年，终年31岁。

8. 仁宗爱育黎拔力八达

公元1311年四月七日，爱育黎拔力八达继承皇帝位。武宗海山登基第九天，就封有拥立之功的弟弟爱育黎拔力八达为皇太子。爱育黎拔力八达执政后整顿朝纲，裁减冗员，限制贵族特权；推行以儒治国，进用汉族文臣，实行科举考试，翻译儒学经典，社会矛盾略有缓和。然而，未兑现与武宗海山"兄弟相袭，叔侄相继"誓约，立儿子硕德八剌为皇太子，导致其后二十多年的宫廷斗争和政治混乱。公元1320年正月二十一日，爱育黎拔力八达去世，其在位10年，终年36岁。

9. 英宗硕德八剌

公元1320年三月十一日，硕德八剌以太子登基称帝。在仁宗爱育黎拔力八达去世后，仁宗母亲答己以太皇太后称制，抢先恢复铁木迭儿等仁宗朝罢免之臣的官职，为随后帝位之争留下隐患。广受掣肘的硕德八剌继续裁减冗员，坚持以儒治国，起用汉族官僚

六十、元

士人，惩戒官员不法行为，颁布助役等法减轻人民负担，国事很有起色。然改革触动贵族利益，铁木迭儿义子铁失等人发动叛乱，硕德八剌于公元1323年八月初四被铁失刺杀。硕德八剌在位4年，终年21岁。

10. 泰定帝也孙铁木耳

硕德八剌被刺一月后，发动叛乱的铁失一党于公元1323年八月四日拥立也孙铁木耳为皇帝。也孙铁木耳为世祖忽必烈曾孙，父为晋王甘麻剌。时朝政不稳，灾害频发，草原大寒大雪，汉地蝗灾地震，也孙铁木耳宠用奸臣及色目人，卖官鬻爵，贿赂盛行，朝政腐败。公元1328年七月十日也孙铁木耳去世，其在位6年，终年36岁。

11. 天顺帝阿速吉八

泰定帝也孙铁木耳去世，大都发生政变。武宗海山旧臣签枢密院事燕帖木儿，集百官宣布迎立武宗次子图帖睦耳即位，是为文宗。泰定朝丞相倒剌沙闻听之后，在上都拥立泰定帝太子阿速吉八即位。同年十月，两都相争，大都文宗朝获胜，诛杀上都天顺帝阿速吉八和丞相倒剌沙。阿速吉八在位一个月，终年9岁。

12. 文宗图帖睦耳

公元1328年十月十六日，燕铁木儿等拥立图帖睦耳登基称帝。图帖睦耳是武宗海山次子，他赴上都诛杀倒剌沙和天顺帝阿速吉八后，迫于仁宗爱育黎拔力八达"推奉圣兄、谦居储贰"的前例，派使臣迎回流亡察合台汗国的长兄和世㻋回朝登基。和世㻋于公元1329年二月二十七日即位，同年八月和世㻋暴死。图帖睦耳于公元1329年八月二十一日再次即位。图帖睦耳汉文化修养较高，工于诗词书画，重视文治，创建奎章阁，编修《经世大典》，整理保存大量元代典籍资料。时政治混乱，燕铁木儿恃拥立有功而专权。公元1332年八月十二日图帖睦耳去世，其前后在位5年，终年29岁。

13. 明宗和世㻋

公元1329年正月，图帖睦耳迫于前朝父辈盟誓压力，遣使迎接其兄和世㻋登皇帝位。和世㻋在察合台宗王、朔漠诸王以及其他漠北大臣支持下，在和林之北即皇帝位。同年八月，图帖睦耳自大都赶来谒见和世㻋。和世㻋在中都行殿宴请图帖睦耳及诸王大臣。三天后的八月初六，和世㻋暴死于中都。其在位八个

六十、元

月，终年30岁。

14. 宁宗懿璘质班

文宗图帖睦耳去世，皇后卜答失里奉遗诏，立明宗次子懿璘质班于公元1332年十月初四即位。同年十一月二十六日懿璘质班病逝。其在位53天，终年7岁。

15. 惠宗妥懽帖睦尔

公元1333年六月初八，文宗图帖睦耳皇后卜答失里及众臣，拥立妥懽帖睦尔继承皇帝位。妥懽帖睦尔为武宗海山长孙、明宗和世㻋长子。在之前的宫廷斗争中，他们一支十分坎坷，妥懽帖睦尔一直生活在流浪中。14岁登基，奸臣伯颜权倾朝野。伯颜侄脱脱与顺帝心腹世杰班筹合谋剪除伯颜，妥懽帖睦尔亲政。他改变前朝排斥汉人做法，恢复中断的科举考试，选名儒雅士开经讲学，下诏编修辽、金、宋史；开放马禁，减轻盐赋，免除百姓额外负担，平反昭雪冤假错案。然朝政已病入膏肓，内乱此起彼伏，外叛星火燎原，妥懽帖睦尔后来又沉溺后宫实践房中术。朱元璋大将徐达围困京城，妥懽帖睦尔于公元1368年七月二十八日打开皇宫北门出逃，元亡。公元1370年四月二十八日妥懽帖睦尔去世，其在位36年，终年51岁。

六十一、明

（1368年—1644年）

公元1368年正月，元末大混战中胜出的朱元璋，在应天府登基称帝，国号明。朱元璋出身贫寒，少时备受磨难，切肤感受民间疾苦。立国即减轻人民负担，恢复社会生产，重惩贪腐官吏，确立里甲制度，进行赋役征收及地方管理，经济长足发展，人口快速增加。其后发生"靖难之役"，皇帝易位。明朝出击安南、迁都北京、郑成功收复台湾、郑和七下西洋等行动影响深远。及土木之变，夺门之变，东厂西厂，特务横行，帝王生死执于宦官；以及豹房淫乱，严嵩专权，"国本三案"，还有东林党争斗，魏忠贤奸险，加速社会矛盾，直至李自成起义，多尔衮入关，崇祯帝自缢煤山，明朝最终走向灭亡。但总体来看，明朝民族关系相对稳定，社会经济获得发展。文化方面，近23000卷的《永乐大典》为世界之最；《三国演

六十一、明

义》《西游记》《水浒传》为一代巨著；造船技术、航海技术、造纸技术、冶铁技术均为世界一流。明传16帝，历277年，初都应天（今江苏南京），公元1421年迁都北京，公元1644年三月亡于李自成起义大军。

1. 太祖朱元璋

公元1368年正月初四，朱元璋在应天自立为帝，国号明，都应天府。朱元璋公元1328年九月生于安徽濠州，其父朱友珍家无寸地，全家生活极苦。朱元璋六岁时，父母兄弟身亡，为糊口他委身皇觉寺，终因难以果腹而不得不加入流浪大军。正是在流浪中，朱元璋投身红巾军将领郭子兴，人生新的一页从此开启。朱元璋胆大心细，智勇双全，很快在军中露出头角，又娶郭子兴养女马大脚为妻，军中地位非同一般。后朱元璋征得郭子兴同意，集结幼时玩伴70多人起家，独立门户自我发展。朱元璋身先士卒，重用儒士，严明军纪，很快拥有一支逐鹿中原的军事力量。他遵从谋士"高筑墙，广积粮，缓称王"的策略，强化军队训练，注重农业水利，手中将士勇猛，粮食充裕，又深得百姓拥护。朱元璋先后攻灭张士诚、陈友谅、陈理、方国珍、陈友定等地方割据势力，北灭元朝，基本完成统一全国大业。身受民间疾苦的朱元璋，以严刑峻法拉开治国序幕，尤其以谋反贪污为首恶。他强化中央集权，不设丞相，六部直接向皇帝上书言事。他下令禁止畜养奴婢，因贫困饥荒卖为奴隶者政府为其赎身。他奖励垦荒种田，大力兴修水利，减轻赋税徭役。他带头自律节俭，服饰仪仗不用金饰，饮食起居如同农民，皇子足穿麻鞋，宦官宫中种菜。他带头勤奋好学，自己手写军令。然置锦衣卫开特务机关先例，杀有功之臣更加让人寒心。公元1398年闰五月初十朱元璋病逝，其在位31年，终年71岁。

2. 惠帝朱允炆

公元1398年闰五月十六日，朱允炆以皇太孙继承皇帝位。朱允炆父朱标，为太祖朱元璋长子。在此之前，其父已经去世。以传统立长制，朱元璋于公元1393年九月立朱允炆为皇太孙。朱允炆性情温和，聪明好学，熟读经典，明礼孝顺。登极后宽刑省狱，革除弊政，减免赋役，重用文臣，打击宦官，着手削藩，件件措施必要而实用。然立储中很有竞争实力的叔父朱棣，以"清君侧"为旗号，于公元1399年七月起兵，文弱的朱允炆难敌对手。朱棣于公元1402年六月杀入京城，当月十三日朱允炆自焚而亡。其在位5年，终年26岁。

六十一、明

3.成祖朱棣

公元1402年六月十七日，朱棣夺侄惠帝朱允炆皇位而称帝。朱棣为朱元璋第四子，相貌奇伟，聪慧过人。朱棣10岁被封为燕王，16岁娶大将徐达之女为妻。之后，朱棣长住封地师从徐达，军事、政治方面的进步在皇室中无人可比。后随父驰骋沙场，在统一全国的战斗中立下卓越战功。其后，在皇位继承人选上，本无可能的朱棣，却眼见太子及其他二位兄长相继去世。众多皇子中，才能出众的他成为老大，传统立长制于他也顺理成章。谁知半路杀出个皇太孙，朱棣皇帝之梦难断，削藩为"清君侧"提供借口，逼宫夺位势在必行。经过4年"靖难之役"，最终夺得皇位的朱棣杀戮异己惨无人道，诛杀大儒方孝孺十族、设立特务机构东厂并交由宦官执掌，均开历史先河。然朱棣治国有才，为抵御北方强敌迁都北平；移民屯田，奖励垦荒；惩治贪官，赈济灾民；鼓励冶铁，提高造船水平；修编举世无双长达3.7亿字的《永乐大典》，派遣郑和下西洋，大力发展与周边国家关系；修建万里长城护国护民，武力讨伐来犯之敌，开启内容充实的"永乐盛世"。公元1424年七月十八日，朱棣去世在第五次征讨漠北的征途中。其在位23年，终年65岁。

4. 仁宗朱高炽

公元1424年八月，成祖朱棣长子朱高炽以太子继承皇帝位。朱高炽喜好读书，言行适度，为人宽厚，为政开明。他即位平反了诸如方孝孺之类冤假错案，废除苛政，赦免旧臣，停止征战，发展生产。公元1425年五月二十九日朱高炽病逝，其在位10个月，终年48岁。

5. 宣宗朱瞻基

公元1424年六月二十七日，皇太子朱瞻基继承皇帝位。朱瞻基为仁宗朱高炽长子，公元1424年十一月一日立为太子。朱瞻基以其英气溢面、聪明好学而深受祖父喜爱。成祖朱棣无论是出兵征战还是治国理政，都将朱瞻基带在身边，教导他体察民情，学习理政，并于公元1411年册立他为皇太孙。后在叔父朱高煦、朱高燧陷害父亲的阴谋事件中，朱瞻基以机智屡化危机。登极后注重德治，对叛乱叔父也做到仁至义尽。择能续用父朝老臣，诏令大臣举荐人才，并为举荐之人负责；强化官员监察，以保吏治清明；与民休养，体恤百姓，带头节俭，亲试农耕。治下百姓安乐，社会安定，经济繁荣。公元1435年正月初三朱瞻

六十一、明

基病逝，其在位11年，终年38岁。

6. 英宗朱祁镇

公元1435年正月，太子朱祁镇继承皇帝位。朱祁镇生下四个月时就被封为太子，登极时才9岁。神圣皇位对他来说，如同与宦官玩过家家游戏。宣宗曾遗诏张太皇太后称制，岂知这位太皇太后不贪恋权势。时朝中幸有杨士奇、杨荣、杨浦三位忠臣，朱祁镇十分惬意地居于帝位。朱祁镇自幼与宦官为伍，眼中唯宦官最亲，尤其对宦官王振更是言听计从。至三杨病逝，王振权倾朝野，上下一片混乱。公元1449年七月，瓦剌首领也先围困大同城。因大同地邻王振故土，为携皇帝衣锦还乡，王振唆使朱祁镇御驾亲征。无指挥才能的王振左右摇摆，困在土木堡的朱祁镇成为瓦剌军俘虏。为绝瓦剌要挟和稳定人心，朝中太后及大臣于谦拥朱祁镇异母弟朱祁钰为皇帝。公元1450年八月，经历一年囚徒生涯的朱祁镇回国被囚禁。7年后的公元1457年正月十七日，朝臣石亨、宦官曹士祥等发动夺门之变，二次登上皇帝位的朱祁镇，放手诛杀功臣，宠信奸佞，败坏朝政。两次登极，在位23年，唯有废除后妃殉葬制度、平反惠帝朱允炆之子朱文圭可算政绩。公元1464年正月十六日朱祁镇病逝，终年38岁。

7. 代宗朱祁钰

公元1449年九月初六，孙太后及众大臣拥朱瞻基次子、英宗朱祁镇唯一兄弟朱祁钰为皇帝。20天前，瓦刺军于土木堡俘虏并软禁朱祁镇。在家国危难之机，朱祁钰起用于谦等正直能干之臣，选将调兵，击溃来犯之敌。朱祁钰知人善任，广开言路，招贤纳士，整肃内政，清除宦官势力，吏治为之一新。公元1457年正月十七日，朝臣石亨和宦官曹士祥等发动夺门之变，二次登极的朱祁镇囚朱祁钰于西内永安宫。次月十七日，朱祁钰去世，其在位9年，终年30岁。

8. 宪宗朱见深

公元1464年正月，太子朱见深继承皇帝位。朱见深为英宗朱祁镇长子，先后两度立为太子。长于后宫的朱见深懦弱无能，心理扭曲，对众多美貌宫女视而不见，一心专宠长自己17岁且惨无人性的万贵妃；重用特务宦官，残害忠良大臣；终日声色犬马，迷信邪术妖道，致使朝纲紊乱，国力日衰。公元1487年九月九日朱见深病逝，其在位24年，终年41岁。

六十一、明

9. 孝宗朱祐樘（chēng）

宪宗朱见深去世，太子朱祐樘继承皇帝位。朱祐樘为宪宗朱见深第三子，两位兄长皆死于万贵妃之手。无生育能力的万贵妃为自己永不失宠，以堕胎和处死怀孕宫女为手段，严防嫔妃宫女为朱祁镇生子。而朱祐樘能活下来，得益于生母纪淑妃卑微低调，还有好心人张敏藏匿。朱祐樘6岁时，其身为皇上的父亲朱见深，才听说自己有这么一个儿子。为避免朱祐樘落入万贵妃之手，朱见深生母周太后将其接入自己宫中日夜看护，朱祐樘才留得一命，并受到良好教育。久经磨难的朱祐樘18岁登极，他革除弊政，罢黜奸佞，裁汰冗员，选贤任能，勤理朝政；轻徭薄赋，力行节俭，严禁官员扰民。朱祐樘终其一生，后宫只有张皇后一人。朱祐樘在位期间，吏治清明，经济繁荣，社会安定，百姓生活好转。公元1505年五月七日朱祐樘病逝，其在位19年，终年36岁。

10. 武宗朱厚照

孝宗朱祐樘去世，时年15岁的唯一儿子朱厚照继承皇帝位。朱厚照资质不凡，自幼学业出色，但生性好动，酷爱骑马射箭，喜欢游玩超刺激项目。父皇去世，朱厚照游玩中趋于极端方面的爱好如火山爆发，阴险宦官刘瑾投其所好，献鹰犬，进妓女，闯民宅，建"豹房"，搜无数异兽、美女、伶人、乐工充满其中。朱厚照以此为家，不理朝政，大奸刘瑾成为实际上的皇帝。刘瑾滥收贿赂，肆意卖官，搜刮民财。朱厚照则游塞外，下江南，掠美人，玩惊弄险，将父皇苦心经营的"弘治中兴"彻底葬送。公元1517年十月，朱厚照御驾亲征蒙古小王子取得胜利，在"土木之变"70年后，为明军出了一口恶气，也许可以算作唯一政绩。公元1521年三月十四日朱厚照病逝，其在位17年，终年31岁。

11. 世宗朱厚熜（cōng）

公元1521年四月二十二日，太皇太后张氏率领群臣，拥立朱厚熜继承皇帝位。朱厚熜为宪宗朱见深四子朱祐杬儿子，朱祐杬为孝宗朱祐樘异母弟，朱厚熜为武宗朱厚照堂弟。朱厚熜初即位，革除弊政，选贤任能，以杨廷和为内阁首辅，诛杀朱厚照执政时胡作非为的宦官，清除混入宫中的18万闲杂人；放走奇禽怪兽，遣散舞女伶人，提倡勤劳节俭，初步赢得民心。然转眼之间，朱厚熜就加入昏庸皇帝行列，不听忠谏，刚愎自用，听信谗言，喜欢奸臣，荒淫奢靡，

六十一、明

崇道信神，掠数百童女炼丹，20多年不理朝政，任由严嵩父子胡作非为。边防不修，国库虚空，北方鞑靼首领三次袭掠京畿，来来去去如入无人之地，百姓处于水深火热之中。公元1566年十二月朱厚熜病逝，其在位46年，终年60岁。

12. 穆宗朱载垕（hòu）

世宗朱厚熜去世，三子朱载垕以太子继承皇帝位。朱载垕即位，倚重高拱、张居正等大臣革弊施新，平反因言获罪大臣，罢除一切斋醮，加强官员考察，免除百姓所欠赋税；开放边境贸易，宣布解除海禁；起用名将戚继光，安排边境议和安定民心，经济有所恢复，社会比较稳定。公元1572年五月二十六日，朱载垕病逝，其在位7年，终年36岁。

13. 神宗朱翊（yì）钧

公元1572年六月初十，穆宗朱载垕三子朱翊钧以太子继承皇帝位。朱翊钧10岁即位，时朝政由内阁首辅张居正执掌。一代名臣张居正一边给皇帝开"日讲"，一边推行以"一条鞭"法为主要内容的税赋改革，终以国库钱财400多万、存粮足够支用10年肯定了"万历新政"。然张居正去世，亲政的朱翊钧急剧变态，清算恩师贤相，追夺张居正官阶，废止其改革措施。其本人溺居深宫25年不露面，立储风波连续15年不决断，在无端贪婪荒唐中坑害人民，掏空国家，也掏空自己。公元1620年七月二十一日朱翊钧病逝，其在位49年，终年58岁。

14. 光宗朱常洛

神宗朱翊钧去世次月，长子朱常洛以太子即位。朱常洛一上任，即下令在全国罢免臭名昭著的矿监税使，选拔官员，补充缺官，似有作为。然而登极仅30天，竟因超负荷好色致病，于公元1620年九月二十六日去逝，终年39岁。

15. 熹宗朱由校

一月皇帝朱常洛去世，左光斗、杨涟等大臣拥朱由校继承皇帝位。朱由校为朱常洛长子，时年16岁。其在位期间纵容乳母客氏，重用宦官魏忠贤，任由二人肆意妄为。朱由校既不问国家朝政，也不问民间疾苦，只是专心致志做自己喜爱的木工活。公元1627年八月十一日朱由校病逝，其在位8年，终年23岁。

六十一、明

16. 思宗朱由检

公元1627年八月二十四日，朱由检遵遗嘱即位。熹宗朱由校无子，便将皇位传于唯一弟弟朱由检。朱由检努力挽救朝政，勤于政务，事必躬亲；生活节俭，释放宫女；剿灭海盗，保东南沿海平安。然生性多疑，刚愎自用，铲除专权宦官魏忠贤，又重用权奸宦官曹化淳；听信谗言，自毁长城，杀守边名将袁崇焕。朱由检全心全意在朝廷补漏，然而朝廷社会已经到处透风。李自成大军攻破京城，无路可走的朱由检于公元1644年三月十九日自缢煤山，明亡。朱由检在位18年，终年35岁。

六十二、清

（1616年—1911年）

公元1616年正月，爱新觉罗·努尔哈赤在赫图阿拉（今辽宁省新宾县）建立汗国，国号金，史称后金。公元1635年皇太极废女真族名而改族名为满洲，改国号清。总体来说，作为中国封建社会最后一个皇朝，清朝对中华民族贡献不小。入关前进军辽沈，统一漠南，消灭大顺、大明200多万军队，统一九州，立定中原。之后平定三藩，统一台湾，消灭勾结沙俄之敌噶尔丹，驱逐准噶尔安定西藏，改土归流管辖西南，奠定中华民族版图，建立了当时世界上最大的多民族统一国家。为巩固皇权，设立军机处，建立秘密立储制度；地方常设督抚，编制保甲；轻徭薄赋，兴修水利，鼓励农垦，发展经济。文化方面创制满洲文字，留下东北亚重要文献；完善科举选官制度，培养人才，促进教育发展；传承中华文化，编修《全唐

六十二、清

诗》《全唐文》《康熙字典》《古今图书集成》《四库全书》，继承发展各民族文化精华；曹雪芹、蒲松龄、吴敬梓、纳兰性德文学留名；《红楼梦》成为文学典范。然盛时自负，闭关锁国，不闻不问世界潮流，在自我陶醉的固步自封中一任国家衰弱。清朝后期政治昏乱，尤其慈禧擅政50年，致使国家病入膏肓，最终丧权辱国，割地赔款，沦为半殖民地半封建国家，把人民推进苦难深渊。清传12帝，历296年，入关后定都北京，公元1911年十二月在辛亥革命中被推翻。

1. 太祖努尔哈赤

公元1616年正月初一，爱新觉罗·努尔哈赤创立汗国，国号金，史称后金。明初，女真分建州女真、海西女真、东海女真和黑龙江女真四大部分。努尔哈赤生于建州女真贵族世家，父为觉昌安。10岁母亲去世，努尔哈赤在艰难困苦中长大。公元1583年五月，努尔哈赤以13副铠甲起兵，经过30多年征战，统一了女真各部，建立了后金汗国。建国后他整顿内务，发展经济，与明大战。公元1620年攻占辽阳，并迁都于此。他创立兵民合一、军政合一的八旗制度，提高了女真部队的战斗力。公元1626年八月十一日努尔哈赤病逝，其在位11年，终年68岁。

2. 太宗皇太极

公元1626年九月初一，众贝勒拥皇太极登上后金汗位。皇太极为努尔哈赤第八子。他天资聪慧，计谋过人，随父兄征战，骑射娴熟，指挥得当。即位后以武功戡乱，以文教佐太平。下令贝勒大臣之子八岁必须上学读书；着手封建改革，设立督察院、理番院，强化中央集权；东征朝鲜，联姻蒙古，不断侵扰削弱明朝，改民族为满洲，并于公元1636年四月十一日称帝，改国号大清。他注重发展生产，扩充八旗兵力；反间明朝，借刀除去入关最大障碍袁崇焕；重用降清汉族将领，为入主中原大做准备。公元1643年八月初九皇太极病逝，其在位18年，终年52岁。

3. 顺治·世祖福临

公元1643年八月二十六日，皇太极第九子福临继承皇帝位。皇太极突然去世，未立继承人，也未留遗诏，继位之争十分激烈。睿亲王多尔衮、肃亲王豪格成为皇位主要竞争人选。最后，在各方角逐较劲难以摆平的权力斗争中，年仅6岁的福临被推上帝位，多尔衮和郑亲王济尔哈朗辅政。之后，多尔衮排挤众王而独揽大权，被封为皇父摄政王，成为事实上的皇帝。

六十二、清

多尔衮去世，14岁福临亲政。曾阅读大量经典、学习帝王治国之道的福临下令严禁圈地，鼓励农民垦荒，减轻民众负担；大量惩处贪官污吏，禁止官员扰民；重用汉臣汉将，提升汉官品级，鼓励大臣直言进谏，稳定混乱局面，恢复社会秩序。公元1661年正月初七世祖福临病逝，其在位19年，终年24岁。

4. 康熙·圣祖玄烨

公元1661年正月初九，以孝庄太后懿旨和顺治福临遗诏，玄烨继承皇帝位，年号康熙。玄烨为顺治帝福临第三子，时年8岁。遵遗诏由索尼、苏克萨哈、遏必隆、鳌拜辅政。其后鳌拜与遏必隆结党营私，独揽朝政大权。6年后，14岁的玄烨亲政，智灭鳌拜及同党掌控朝政。玄烨自幼得孝庄太后教诲，不分寒暑，日夜读书，刻苦学习中华典籍和西洋科技，成为中国封建史上唯一熟悉华夏经典、了解西方文明、具有科学精神、一生勤勉不辍的帝王。玄烨自登极以来，不分严寒酷暑，早8点御门听政从不缺席；体察民情，严禁圈地，轻徭薄赋，与民休息；省察河务，兴修水利，黄淮复道，百姓免灾；惩戒贪官，褒奖廉吏；尊儒重道，编修典籍，《康熙字典》《明史》《古今图书集成》保存国粹；运筹帷幄平三藩之乱，剿抚并用收复宝岛台湾；抗击沙俄夺回黑龙江地区，扫灭噶尔丹安定西陲；平定西藏叛乱，册立达赖班禅；致力开疆拓土，妥善处理民族关系，奠定了中华多民族统一国家版图，为大清后续发展奠定基础。公元1722年十一月十三日玄烨病逝，其在位62年，终年69岁。

5. 雍正·世宗胤禛

圣祖玄烨去世7天后，胤禛奉遗诏于公元1722年十一月二十日继承皇帝位，年号雍正。胤禛为圣祖玄烨第四子，6岁进入南书房读书，熟悉儒家经典。后随父讨伐噶尔丹，受命主持无定河治理，掌管正红旗大营，得到充分锻炼。即位以国家事务为重，针对社会弊端连发十多道谕旨，推出一系列改革措施，严厉惩处贪污官员，明令贪官3年补齐各自造成的国库亏空，甚至以抄家抵偿；强力推行摊丁入亩制度，彻底取消人头税，减轻农民负担；完善密折制度，扩大了解下情范围；设立军机处，进一步强化皇权；建立秘密选储制度，成功解决皇帝继位难题；实行改土归流，设立驻藏大臣，划定中俄中段边境，稳定经营边疆地区；执政期间坚持不巡幸，不游猎，不扰民；坚持亲自批阅奏章，一生勤谨，锐意改革，为康乾盛世铺路架桥。公元1735年八月二十三日胤禛病逝，其在位14

年，终年58岁。

6. 乾隆·高宗弘历

世宗胤禛去世，弘历成为秘密立储制度下登上皇位的第一人。公元1735年九月初三，张廷玉等大臣从乾清宫"正大光明"牌匾后取下立储诏书，弘历依诏继承皇帝位，年号乾隆。弘历为世宗胤禛第四子，从小聪明好学，熟悉儒释道经典，深受祖父康熙喜爱。他25岁登极，和父祖一样有着强烈的责任心和使命感。他勤勉处理政事，用心缓解皇族内部矛盾，释放前朝所禁父辈，合理恢复爵位；完善奏折制度，加强军机处权力，使之超越内阁成为行政中心，进一步强化了皇权；严格约束宦官，防止内外勾结干政；继续推行耗羡归公、养廉银和摊丁入亩政策，鼓励移民垦荒，不断减轻赋税，促进农业、手工业、商业发展；两平准噶尔，迎接土尔扈特部回国，强化对新疆地区管辖；平定大小和卓叛乱，两定大小金川反抗，结束川藏地区混乱局面；颁行《钦定西藏章程》，完善对西藏的治理。然自恃功高盖世，老来骄奢淫逸，豪侈外出巡幸，大建奢华园林，宠信贪官和珅，导致吏治败坏，贪污成风；不闻世界工业革命潮流，顽固实行闭关锁国政策。公元1796年正月初一，以执政年限不

从 **始皇登极**到 **宣统退位**
——中国 363 位皇帝更迭速览

超过祖父康熙为由，禅位于皇子颙琰，在之后3年的太上皇生活中，也时刻不忘干预朝政。公元1799年正月初三弘历病逝，其在位61年，终年89岁，为中国封建历史上阳寿最长的皇帝。

7. 嘉庆·仁宗颙（yóng）琰（yǎn）

公元1796年正月初一，高宗弘历禅位大典在太和殿举行。同日，颙琰登极，年号嘉庆。颙琰为高宗弘历第十五子，面对表面繁华而实际千疮百孔的朝野，他诛巨贪，除弊政；鼓励农桑渔猎，提倡精耕细作，推广种植土豆等高产作物；赈济灾民，注重治河；不事奢华，崇尚节俭；加强海防，查禁鸦片；严格要求自己，认真处理政务。然大清由盛转衰之势已经难挽，时代潮流今非昔比，颙琰个人努力已是杯水车薪。公元1820年七月二十五日颙琰病逝，其在位25年，终年61岁。

8. 道光·宣宗旻（mín）宁

公元1820年八月二十七日，旻宁遵遗诏继承皇帝位，年号道光。旻宁为仁宗颙琰次子，他从小受到良好教育，读书认真，注重修身养性。即位后效仿先辈，勤于朝政，率先躬行节俭，每餐简朴如农家，衣

六十二、清

裤补丁相连；下令严惩贪官，极力振兴祖业。他关心治河，蠲免钱粮，赈济灾民，疏浚河道；处处君子之道，事事明君作为，然时代潮流不可阻挡，体制弊端无可挽回；百姓不堪重负揭竿而起，外敌乘虚而入坚船利炮，终致向英签订丧权辱国《南京条约》。公元1850年正月十四日旻宁病逝，其在位31年，终年69岁。

9. 咸丰·文宗奕詝（zhǔ）

公元1850年正月二十六日，奕詝登极为帝，年号咸丰。奕詝为宣宗旻宁第四子，6岁入学，满汉蒙语言、儒家经典、骑马射箭、历代治术、先祖圣训无一欠缺。20岁登极，定年号咸丰，期天下民众全都丰衣足食。为实现如此愿望，他整顿吏治，任贤祛佞，用心之至。然内忧外患相加，自己缺乏胆识，无有远谋，面对英法联军来犯，是战是和缺乏主见，紧要关头私心自保，接连与英、美、法、俄签订8个丧权辱国条约，使国家陷入半殖民地半封建社会深渊。更有甚者，寄情声色，宠信慈禧，培植恶源，让国家在长达半个世纪的岁月里，掌控于贪婪妇人之手而灾难深重。公元1861年七月十七日奕詝病逝，其在位12年，终年31岁。

从 **始皇登极** 到 **宣统退位**
——中国 363 位皇帝更迭速览

10. 同治·穆宗载淳

公元1861年十月初九，载淳以太子登极为帝，年号同治。载淳为文宗奕詝长子，生性愚鲁，又有其母那拉氏残忍干涉，虽然贵为皇帝，但在慈禧淫威下，想与自己喜爱的皇后见面都不能做主，人身自由无有保障，治国理政纯为泡影。还在咸丰去世前，曾指定肃顺、载垣等8位顾命大臣辅政。慈禧发动辛酉政变，斩肃顺，缢载垣，尽诛辅政大臣而自己专政。公元1873年，慈禧依祖制归政于载淳，然实权还是牢牢执于慈禧手中。唯有重用曾国藩、李鸿章、左宗棠等汉臣，平定太平天国与捻军，成立总理衙门，兴办新式学校，开矿办厂，修筑铁路，枯树露出些许新芽。公元1875年十二月初五载淳病逝，其在位14年，终年19岁。

11. 光绪·德宗载湉（tián）

公元1875年正月二十日，慈禧太后命载湉即位，年号光绪。载湉父奕譞为同治帝载淳叔父、道光帝奕詝第七子。穆宗载淳无子，依皇位传递父死子继祖制，本应在其侄辈中选立，慈禧忧自己成为太皇太后而无权听政，便立其妹4岁儿子、载淳堂弟载湉继承

六十二、清

皇帝位。载湉为帝期间，慈禧规定一切军政大事由她裁决。及至中日战争失败以后，与日签订极度丧权辱国的《马关条约》，从而激起载湉图存之志。年已28岁的光绪便接受康有为"公车上书"，明确表态支持变法，冲破重重阻力颁布了支持改革的《明定国是诏》。慈禧担心如此下去会危及自己独裁统治，便伙同守旧大臣集中发难，百日维新失败，戊戌六君子被害，光绪帝被囚禁。时义和团运动如火如荼，西方列强联手侵华，八国联军攻占北京，慈禧仓皇西逃，首都落入敌手。公元1908年十月二十一日，被慈禧囚禁十年的光绪皇帝去世，其名义在位34年，终年38岁。

12. 宣统溥仪

公元1908年十一月初九，慈禧诏溥仪继承皇帝位。溥仪为载沣子，母为慈禧养女。父奕譞为醇亲王，与光绪帝载湉同父异母。溥仪3岁登极，于公元1912年2月12日（农历1911年十二月二十五日）6岁时宣布退位，从而终结了大清王朝，也终结了自秦始皇称帝以来2132年的封建帝制。之后张勋支持溥仪演出一场为时十来天的复辟闹剧，后被冯玉祥赶出紫禁城。日本占领东北，建立了所谓的满洲国，溥仪北上充当傀儡皇帝。日本战败投降，溥仪被定为战犯接受改造，1959年政府特赦释放。1964年，溥仪当选为全国政协委员。1967年10月17日，溥仪去世于北京，终年62岁。